「地域暮らし」宣言

元気コミュニティ！

学校はコミュニティ・アート！

岸 裕司

太郎次郎社エディタス

「地域暮らし」宣言

元気コミュニティ！叢書

学校はコミュニティ・アート！

目次

6 地域でゆっくり「子育ち」支援

9 地域の記憶、学校の記憶、家族の記憶

プロローグ　コミュニティ・ガーデンで会いましょう

子ども力

「あれ、金子先生だ！」と、数か月まえに定年まで一年ほどを残して自主退職をした篠田郁夫さんがいいました。金子貴也先生は五年一組の担任です。「そうね、きょうは休日なのにね」と、五年二組にお子さんを通わせている小林由理お母さんが続けます。

近よってきた金子先生に篠田さんは、「どうしたの？」と声をかけました。

「いやね、きのうの田植えの苗がどうなったかと気になって、外出のついでにちょっとよったんですよ！」「やっぱり、子どもたちが植えた畝《うね》が曲がっているね！」と、金子先生は笑顔で応えます。

「だいじょうぶ、だいじょうぶ。おれたちがしっかりと水も管理しているからさ！」と篠田さんは、退職して〝サンデー毎日〟をみずからが獲得したことから、しょっちゅう立ちよって水の管理ができる自信で応じます。この水の管理は、やはり退職組で秋津陶芸同好会世話役の宇田川安司さんや、子どもたちから「トシさん」の愛称で親しまれている渡邉敏寛さんらも担います。トシさんはトラックの運転士で、仕事を終えると毎日、午後の三時ごろには学校にやってきます。

きょうは二〇〇三年五月三日、ゴールデン・ウィーク後半の休校土曜日。千葉県習志野市立秋津小学校（佐々木幸雄校長・児童数三百十九人・二〇〇三年度現在）の校庭でのようすです。

きのう、五月二日金曜日の授業で五年生二クラスの子どもたちは、校庭のビオトープ（自然観察園・約四百二十平方メートル）に併設して手づくりした田んぼ約七十平方メートルに田植えをしました。田植えがはじめての金子先生は、それが気になって見にきたのです。

安心した金子さんは、「それじゃ、よろしくお願いしま〜す！」といいながら帰っていきました。

「うれしいねえ、金子さん、わざわざ見にきたんだね」と、篠田さんは自分にいい聞かせるように小さな声でいいました。

さて、田んぼづくりは今年で四年目です。毎年、五年生が「総合的な学習の時間」の授業として、年間をとおして取り組んでいます。

ビオトープと田んぼは二〇〇〇年度に、子どもと教職員から、保護者や、とっくにお子さんが秋津小学校を卒業した篠田さんのような「地域のおじさん」たちまでが参画し、半年かけて手づくりで完成させました。設計および総監督は、公園づくりの仕事をしている公務員の槇重善さんが、財団法人日本生態系協会の「ビオトープ一級管理士」の資格を取ったうえで担いました。ビオトープは完成後、全学年が環境学習の教材として活かしていますが、田んぼづくりは五年生の専門です。

毎年、四月の新学期の田おこしからはじまり、もち米の苗（篠田さんの千葉県の実家で育てていただいたもの）を植え、夏の水の管理、秋の稲刈り、竹を組んで稲をかけて天日で干す本格的な「はさがけ」をおこない、ほんものの脱穀機（トシさんが、年に一回しか使わないのに「子どもたちが勉強するんだからほんものじゃなくっちゃね！」と、つれあいさんの実家から寄付していただいて自分のトラックで持ってきたもの）を使っての脱穀、子どもから大人までみんなが参画してのお餅つきを楽しむ収穫祭まで、五年生は年間をとおして田んぼづくりを楽しみます。

こんな授業は五年生二クラス・二人の担任だけではできません。地域の多くのおじさんや、保護者のお父さん・お母さんたちとの協働があってこそ可能です。東京湾の埋立地に誕生した「なにもなかった秋津」で、子どもと教職員と多くの地域の大人の参画によって、田んぼ体験ができるようになったのです！

いや、「なにもなかった」からよかったのかもしれません。「ないなら工夫しよう！」「みんなで手づくりしよう！」という気持ちがむくむくとわきおこる不思議な力が、秋津にはあるような気がしてなりません。秋津の仲間は、その不思議な力がなにかを知っています。それは、「子ども力」だと。子どもたちだれもがもっている「どんな大人でも楽しくさせる力」といってもよいかもしれません。そんな力が子どもにはあることを、そして、その子どもたちが通う学校にもあることを、秋津の大人は知っているからだと思うのです。

畑、池、小川……校庭の一角がコミュニティ・ガーデン！

「そろそろ終わりにしようか！」と、〝ケナフウフ〟の愛称で親しまれている桑名英一さんとつれあいの邦子さん、一戸直作さんらに私は声をかけました。校庭の余裕敷地で野菜や草花を栽培している「うらの畑」サークルのメンバーで、草むしりをしているところです。

池の水から小川をへて田んぼに循環している水の調整を終えた、篠田さんや宇田川さんもやってきました。みんな、初夏のような陽気と草むしりの作業とで、顔から汗がしたたりおちています。

桑名夫妻の〝ケナフウフ〟とは、非木材系のパルプ原料になる草のケナフ栽培が得意なご夫婦であることから、桑名さんの娘さんがつけた愛称です。

ちょうどそのとき、私のワイフの車育子《チャユックチャ》（在日朝鮮人・国籍は大韓民国）が、冷た〜い「アレ」をかかえてやってきました。アレとはアレです、ア・ル・コー・ルのこと。校庭とはいえ学校なので、秋津コミュニティでは「アレ」と呼んでいます。

「カンパ〜イ！」と声をあわせて、みんながうまそうにコップを空けます。

「このアスパラ、生でもおいしいね！」と車さんは、直作さんが種から二年越しで栽培し、今、収穫したばかりのアスパラをほおばります。照れ屋で口数の少ない直作さんは、みんながおいしく食べるようすを見るのが楽しみで、「うらの畑」でなんでもつくっています。昨年は、私が「落花生の花と、地中で実が採れるようすを見た〜い！」とおねだりしたら、実際にケナフウフといっしょに落花生を育ててみせてくれました。また最近は、結球させることがむずかしいといわれるハクサイなんかもつくっちゃうんですからね。

そこに、今年の新ＰＴＡ会長の伊藤知通お父さんがやってきました。余裕教室を地域に開放している秋津小学校コミュニティルームで、新年度の役員会議を終えたところです。伊藤さんも、飼育小屋ほかのモノづくりやビオトープづくりをいっしょにやってきた秋津コミュニティの仲間です。伊藤さんはいちおう遠慮をするそぶりをしながらも、アレに加わりました。

篠田さんと宇田川さん、伊藤さんは、夏休み中の田んぼの水管理の話などをしています。五年生の子どもたちと保護者を中心に、おじさんたちもいっしょになって水の管理をすれば、先生は休校日に出勤しなくてもすみますからね。

こんな雑談をしながら日がな一日、学校で遊んでいるのが、休校日の「コミュニティ・ガーデン」でのようすです。

ところで、コミュニティ・ガーデンとは、校庭のビオトープ周辺のことですが、今ではベンチとテーブルも手づくりして設置してあることから、桜の咲くころにはお弁当持参で家族でやってきたり、ときにはバーベキュー・パーティをしたりと、地域の憩いの場になっています。開校日は授業に使い、休校日はコミュニティ・ガーデンとして、一年中だれかれとなくやってきては使いこなしています。

おもしろいのは、秋津の子どもからお年よりまでの「人類」以外に、池をめざしてやってくる珍客です。それは毎年どこからともなくやってきて池に卵を生むカエルちゃんの両生類や、あるいは鳥類たちのことです。とくに珍客の鳥類には、「ほんとうのカラスの行水」を見せてくれるカラスちゃんから、野生のカモ夫婦、近ごろはダイサギという白くて大型の渡り鳥までがやってくるようになりました。また五年ほどまえに植林したクヌギから樹液がではじめ、それをめざしてたくさんの昆虫のカナブンもやってくるようになりました！

設計した槇さんはいいます。「さすがビオトープ！　ここは居心地がいいからね。生き物ならなんでもやってくるんでしょう！」と。

「寝に帰る場所」から「暮らす地域」へのありがたさ

思えば秋津は、一九八〇年に東京湾の埋立地に誕生した新興団地です。経済成長と開発が進むなか、文化も育ちも違う人びとが新天地を求めていっせいにやってきました。入居したころはあたりの草木も低く、秋津小学校の校庭も殺風景で、自然がなにもないまちでした。しかし、「ないならみんなでつくろう！」と立ちあがるかたが少しずつ出現し、二十三年過ぎた今では樹木が生い茂っています。そして、学校をさまざまな活動の拠点にしながら、モノづくりからイベントまでなんでも自前でやってしまいます。とくに、お父さんを中心とした男性の活躍がめざましいまちになりました。また、二十三年という時の経過によって、定年退職組も増えてきました。

今、秋津は、「ないならみんなでつくろう！」精神の共有によって、顔をつけあわせて暮らす生活者同士としてたがいの違いを認めあいながら、多数決でことをすすめない総意を重んじ、日々の雑々としたことを大切にするデイリー・デモクラシーのまちになってきたと思います。どんな人とも折りあいをつけ、一人ひとりの〝私〟が息づくまち、みんなが響きあって生きるまち、いわば「響生のまち」になってきたと。

あるかたはいいました。「定年後も秋津で楽しくやっていけそうだよ！」。このことばは、住む場が「寝に帰る場所」から「暮らす地域」へ変貌することのありがたさを端的にあらわしていると思います。

学校を地域の活動の拠点にすることで、学校づくりや次代を担う人育てから、生涯学習のコミュニティづくりにまでしていける。私はこの本で、どうしてこんなまちになってきたのかを、「学校の記憶」と「地域の記憶」との紡ぎあいの経験から綴りたいと思います。そして「きっとあなたのまちでもできますよ！」と、その可能性を実際の活動事例をとおして伝えたいと思います。

1 校庭まるごと自然園づくり

——エコスクールで、環境学習も屁のカッパ！

井戸水を沸かしてドラム缶風呂！

「こっちのドラム缶にも、井戸水を入れようぜ！」「よっしゃ！」

四、五人の秋津小学校の男の子たちが声をかけあいながら、校庭の井戸から手こぎポンプで水を汲みだし、バケツリレーでドラム缶に入れはじめました。

よく晴れた暑い日、夏休みあけの二〇〇〇年九月十六日土曜日。

この日、例年の「学校と地域の合同大運動会」が無事に終わり、まだ陽の高い夕方、コミュニティルームで大人たちは、アレを酌みかわして打ちあげをしていました。そこに子どもたちがやってきて、大人のようすを横目で見ながら外で作業をはじめたのです。

「おじちゃん、きょうもドラム缶のお風呂をやるんでしょ？」と、外にでてきたトシさんに声をかけながら、またひとり男の子がやってきました。この子はトシさんにすりよります。汗をかいたTシャツを脱いで上半身裸のトシさんは、満面の笑みでドラム缶に火を起こしはじめました。

私は「この光景は先週の土曜日と同じだな！」と、妙にうれしくなってぼんやりと眺めていました。しかし、「同じではないこと」がしばらくすると判明しました。

　ドラム缶風呂がまだぬるいにもかかわらず、早くも二年生の五十部亮介くんがパンツを脱ぎだし、フルチン（！）になって入りはじめたのです！　すると、ほかの子もつぎつぎにパンツを脱いで、五つのカワイイフルチン（！）が飛びだしました。私は思わず、コミュニティルームにつどうおじさん・おばさんたちに声がけしました。

「見てよ！　見てよ！　フルチンの行列だよ！」

　飛びだしてきた大人たちは、いちように笑い楽しそうです。

　大人たちのなかにいた亮介くんのお母さんの五十部美喜子さんは、私に話してくれました。

「このあいだ亮介が、ビオトープのドロンコ池で遊んで、ドロだらけになったパンツをはいて家に帰ってきたから叱ったのよね」

「ああ、それ、ボクも見ていたよ。でもパンツを脱いで水洗いしていたよ。洗ったって染みこんだドロは落ちなかったけどね。お母さんに叱られるだろうなあとは思ったけど、案の定か！」

と私。

「そしたらね、亮介は考えたのよね、叱られない方法を」

「ナニナニ？」

「『パンツを脱いで遊べばいいんだ、ドロだらけにならないじゃん！』だって！」

　私は亮介の考えぬいた工夫（？）に、思わず「そりゃ、亮介の勝ちだ！」と叫んでしまいました。学校が開かれると、ここまで子どもたちが遊びまくり、おじさんたちもおばさんたちも心の底から気分が開放されるんだな～と、なんともいえない感動をおぼえました。

「亮介のフルチン」は、そんな亮介自身の学び（？）から生まれたチン事だったのです。

ドラム缶風呂は、おじさんと男の子たちがはじめたのですが、すぐに女の子たちもやってくるようになりました。

じつはその後、さらに私たちは、もっと大きい仮設の露天風呂も校庭で試し、これにはお母さんたちが入って大好評でした。露天風呂やドラム缶風呂は、秋津ならではの毎夏の風物詩になりました。

こんなお風呂のふれあいから、私は夢想するようになりました。いつか学校の屋上に露天風呂をつくり、夏は毎夕打ちあがる近くの東京ディズニーランドの花火や星空を眺めながら、子どもたちと背中の流しっこをしたいなあ〜と。もちろん風呂あがりは冷たいアレつきでね。

休日のお父さんを「粗大ゴミ」から「有益な資源」に！

大人の学校通い、とくにお父さんやおじさんたち男性の学校通いがはじまったのは、もう十二年もまえの一九九一年からでした。

その年は私がPTA会長で、たまたまPTA創立十周年記念の年でもありました。そこで、ふだんは学校によりつかないお父さんたちを、なんとかして引っぱりだしたいと考えました。だって、PTA役員のお母さんたちに聞くと、お父さんたちの行状は「もう、タイヘン！」だそうなんですから。当時、すでに週休二日制がかなりの会社で普及していました。でも、学校週五日制は導入されていなかったので、土曜日はまだ登校日でした。

「土日なんかの休日に、ダンナはどうしてる？」と、私はお母さんたちに聞きました。

「ゴロゴロ寝てばっかりで、子どもと遊んでくれないばかりか、家事なんかまったくしないんだから！」と、もうプンプンです。

べつのお母さんたちは、もっとすごいことをいいました。

「うちなんか、粗大ゴミよ！」

「粗大ゴミならいいじゃない、回収してくれるからさ！　うちなんか、回収してくれない生ゴミよ！」

もう、私は震えあがりました。「こりゃあ、なんとかしなきゃいけない！」「お父さんたちを、家庭や地域の有益な資源に変えなきゃ、家庭どころか学校や地域は、おさき真っ暗だ！」と思いました。

そこで一計を案じて、「お父さん引っぱりだし作戦」を主眼にした飼育小屋づくりをＰＴＡに提案しました。「子どもが動物アレルギーなので心配だわ」とおっしゃったお母さんもいましたが、担任の先生の「動物とふれあわせるさいには配慮をします」という発言もあって、すんなりと飼育小屋づくりに決まりました。

飼育小屋に決まった理由は簡単です。前年度に古い小さな飼育小屋の動物が野犬に襲われた事件があり、保護者の理解がえやすい時期だったことと、ＰＴＡ役員がつぎのような提案の仕方をしたからです。
▼団地住民が多数いて、家では小動物以外は飼えない決まりがある。だから、学校でウサギやニワトリとふれあえる、広場つきの飼育小屋の新築はうれしいんじゃない？
▼学校では翌年度から「生活科」の新教科が実施される。授業でいかせるのでうれしいんじゃない？
▼ＰＴＡ創立十周年記念のための予算は四十万円。お父さんたちの労働力を借りないとつくれないいんじゃない？

▼飼育小屋づくりをとおして多くのお父さんの出番をつくり、学校に日常的に来られるキッカケにしたいんだけどね！

「お父さんの出番づくり」という提案理由は、お母さんたちにも先生にもけっこう受けました。さて、みごとに成功した飼育小屋づくりですが、参加したお父さんは実数で四十三人、六か月かかりましたが延べ二百五十人ほどが、もちろん教職員もふくめて参加しました。この経験で実感したことは、踊りやすい脚本と舞台さえ用意すれば、お父さんたちはあんがいでてくるものだということでした。

（経過についてくわしくは、前著『学校を基地に〈お父さんの〉まちづくり――元気コミュニティ！　秋津』〈太郎次郎社・一九九九年〉に書きました。以降、「前著」とあるのは同書のことです。また、この本では、できるだけわかりやすく活動をお伝えするために、同書に記したことと重複する部分も少しありますが、ご容赦いただきたくお願いします。）

寝つづける休日は、けっこうつらいもの

秋津は、都心まで電車で四、五十分くらいのところにあります。私のようなお父さんたちの世帯主は、たいてい東京で働いています。「千葉都民」といういい方がありますが、働く場所は東京都、寝に帰る場所は千葉県という意味です。

私は一九八六年から七年間、ＰＴＡの役員をやりました。当時、会社は週休二日制が導入されていました。最初は土日に寝つづけられると喜びましたが、二日間も寝るだけというのは、けっこうつらいのです。外にでよう、なにかしようと思ったところに、子どもがまだ小さかっ

たので「お父さん遊ぼうよ」といってくれることがさいわいでした。

私が会社をおこしてからは、ワイフもいっしょに働いているので、いわゆる共働きです。子ども三人とも秋津保育所に、そして小学校にあがってからは学童保育にお世話になりました。そうしたことから子ども会づくりやその後の運営にかかわったり、夏休みのキャンプや力仕事のいる運動会などでは、積極的に地域や学校にかかわっていきました。

さて、先ほども紹介したとおり、休日ゴロゴロのお父さんを学校へ引っぱりだそうと仕掛けたのが、飼育小屋づくりでした。飼育小屋があらかたできあがり、完成引き渡し式まであと一週間に迫ったある日、作業後の夕暮れのこと。残った木切れを燃やし、その火を囲んで、いつものアレをやっていました。すると、あるお父さんが私にいいました。

「岸さんさあ、飼育小屋は来週に引き渡したら、もう終わりだろ」

私はなにをいうのだろうと思いました。すると、続けてこういうのです。

「つぎは、なにをつくるの?」

私は思わず「これだ!」と思いました。

お父さんたちは、飼育小屋づくりがよほど楽しかったのです。それも強制されたのではなく、自主的な参加です。そして、そんな楽しみをしつづけたいのです。それなら、私がその役を担い、学校に役立つつぎのモノづくりを探せばよいのだと思いました。

学校はモノづくりの宝庫――「双方にメリットを!」という発見

その後は「学校で欲しいモノはありませんか?」と、先生がたに声がけすることに専念しました。

すると出るわ出るわ、「余裕教室一室を低学年用の図書室に改造したい！」「朝の読書をはじめたので、キャスターつきの移動本箱があれば好きな場所に移動させて読書ができるんだけど！」「体育倉庫に棚がほしいんだけど！」、秋津小学校に併設の「幼稚園の遊具が……」「砂場が……」と、あたかも学校は、授業充実のためのモノづくりの宝庫のようです。ということは、お父さんの活躍の場の必要が続くということでもあります。

その後も「環境学習をしたいけれど、秋津は埋立地だから自然がなにもないのよね。池や小川のあるビオトープがあれば！」「総合学習で田植え体験をさせたくても、秋津地域には田んぼがないのよね！」と、おかげさまでつぎからつぎに続くモノづくりのために、お父さんの出番はとどまることを知りません状態です。

これらすべてを、この十余年間に実現してきました。現役のお父さんや、私のようにわが子が卒業して「地域のおじさん」になった人や、子どものいないおじさんも参画しながら。当然、無償の労働力です。資材を無償で提供するかたもいます。学校はまだまだ「地域の宝」としての求心力があることを実感します。

飼育小屋づくりで私が発見した最大のことは、「なあんだ、保護者と先生双方が喜ぶことを学校ですればよいんだ！」「そんな活動をすることが本来のＰＴＡなんだ！」、さすれば「ＰＴＡは、会員である保護者と教職員が気持ちよくなることをしながら双方をつなぐ、コーディネートをする会にすれば、会員みんなが喜ぶじゃないか！」ということでした。

この「かかわりあう双方にメリットを生みだす仕掛けづくりや発想法」を、のちにまちづくりにいかすときに「融合の発想」と名づけ、先生が望む学校教育の充実と、保護者や地域生活者にとっての学びにもなる社会教育（生涯学習）の充実を意図して仕組む、「学社融合」という新しい教育方法の発見となるのです。が、この時点では、まだたんに「双方が喜べばうれしいな」くらいの認識しかありませんでした。

「うらの畑」サークル、大繁盛！

「うらの畑」の開設は、私のつぎのPTA会長をつとめた窪田正さんの希望からでした。

窪田さんは「サラリーマンのせいか、なんだか土いじりをしたいんだよね。それに、団地だからベランダじゃあ、たかが知れているしね」と、私にいいました。PTA会長を窪田さんからつぎの桑名英一さん（同じくサラリーマンです）に引き継ぐ直前の、一九九二年度の終わりごろのことでした。

「いいじゃない！　児童数も最盛期の半分くらいに減ってきて、学級花壇もずいぶんあいて荒れてるようだし、かえって学校も喜ぶんじゃない？」と、私はその提案に賛同しました。事実、この年度の児童数は六百九十九人にまで減っていました。

さっそく窪田さんは当時の長谷川昭次校長に申しでて許可をもらい、約三十平方メートルほどの校庭の敷地を借り受けることになりました。

窪田さん、桑名さん、関嘉民さんと私が集まりました。

「ところで、サークルの名前はどうする？」と窪田さん。

「そうだね、敷地に看板も立てたほうがいいしね」と私。

すると関さんが、「おやじたちではじめるんだから、『おやじの畑』でいいんじゃない！」といいました。みんなも納得し、すぐにその名前に決まりました。さっそくデザイナーの関さんが看板をつくり、地色を黄色に塗ってそのうえに真っ赤な文字で「おやじの畑」と大書して敷地に立てました。

「学校だからさー、当然、無農薬で堆肥《たいひ》をつくろう！」「野菜が採れたらうまいだろうね！」

「お花のおばあちゃんの手伝いもしよう！」

お花のおばあちゃんとは、近藤ヒサ子さんのこと。殺風景な校庭に毎日お花の種を持参してまき、花を咲かせていたことから、子どもたちにそう呼ばれるようになったかたです。

こんな調子で夢を語り、毎週末にはおやじたちが畑に集まって汗を流すようになりました。

それを聞きつけてすぐにやってきた佐竹幸子さんは、「『おやじ』しか、できないんですか！」といいました。私たち「おやじ」はビックリして、すぐに「ゴメンゴメン！」とあやまり、幸子さんにもサークル会員になってもらいました。幸子さんは、近藤さんといっしょに花の世話をし、ＰＴＡ主催の夏休みプール開放を実施したときの初代プール部長です。

気軽に「おやじの畑」と命名したのですが、「そうだよね、女性は入りにくいよね」とおやじたちは反省しました。今ふうにいうと、「ジェンダー・バイアスがかかっていたおやじたちだった」と思います。

さっそく幸子さんとおやじたちとで名前の変更案を考えました。

すると、またまた関さんが「校舎の裏にあるんだからさー、『うらの畑』でいいんじゃない！」と、いとも簡単にいいました。関さんって、ある種の緊張感をスーッと溶かす天才なんだよね。

すぐに全員が「いいね！　いいよ！　それにしよう！」と決まりました。なんともいいかげんというか、好い加減なのか、ノリノリふうというのか、こうして看板の「おやじ」を「うら」に塗り替え、サークル名も「うらの畑」サークルとして発足しました。

幸子さんはどこかからコンポストを調達してきて、EM菌のボカシを使って家庭の生ゴミの堆肥化もはじめました。おやじたちも張りきって、キュウリやナス、トマトづくりなどをドンドン進めて楽しむようになりました。「うらの畑」サークルはすぐに二十人くらいに増え、ときには千葉県の農家まで遠征して「芋掘りツアー」もおこないました。初代世話役を窪田さんが担い、その後に大阪へ単身赴任になったことから、桑名さんが世話役を引き継いで、今日にいたっています。

「うらの畑」サークルの会員がすぐに増えたのは、校舎内でなく外での活動ということで開放的だったから、また、校庭の隅のその畑が、隣接する団地との境の道路に面していたことがさいわいしたからです。休校日に活動していると、買い物などで道行く人が「なにをしているんですか?」と気軽に声をかけやすかったのです。「いっしょにやりませんか?」「楽しいですよ!」と、私たちも積極的に仲間づくりをしました。

さらには、花が咲けばさまざまな虫がやってきます。虫が来ると自然に子どもたちもやってきます。子どもたちが来るようになると、大人もうれしくなり、いっそうファーマー(?)に励むようになっちゃいます。子どもたちといっしょに収穫を楽しむようにもなっていきました。

そんなことから、一種の自然観察園の機能も「うらの畑」がはたすようになり、その後の歴代の校長さんや先生の理解もすすみ、今では約十倍の三百平方メートルもの敷地に拡大しています。二〇〇二年度からは、さらなる児童数の減少であいた十個の学級花壇も「うらの畑」サークルが借り受けて、より多くの地域のかたがたへ活用していただいています。

荒れたままではみっともないが、さりとて児童数の減少にともない少なくなった先生だけでは活用しようになかった現実から、今では校庭環境が美しくなり、学校も助かっています。また、見知った大人が開校日も休校日も学校に出入りしている状態を生むようになってきたことから、「子どもの安全」のためにも役立っています。

埋立地の学校にビオトープができた！

ビオトープの完成式は、二〇〇〇年六月三日土曜日に、全校児童や、かかわった多くの大人が参加して盛大におこなわれました。

なにも自然がなかった埋立地に誕生した秋津小学校の校庭に、いよいよ池や小川から田んぼまでができたのです。どんな人びとの想いの集積で、ビオトープはできたのでしょうか。

完成式で配布した『子ども、教師、地域の協働　秋津小学校自然観察園づくりの記録「完成おめでとう！　秋津小学校自然観察園」』（槇さんが作成した作業写真がいっぱいのオールカラー版）のなかから、キッカケをつくった宮崎稔さんの文章を紹介します。なお、ビオトープは学校の授業では「自然観察園」と呼んでいました。

自然観察園の完成　おめでとう

教育センター所長　宮崎稔（前校長）

一生懸命つくったみなさんもうれしいと思いますが、先生方やお家の人たち、それに地域の人や秋津小を卒業した先輩も喜んでいることと思います。秋津小では、川や田んぼをつくりたいと、八年前から計画していました。そして小さな池をつくりました。ところが、簡単なつくりだったので、底のビニルシートはすぐに破れ、だめになってしまいました。でも、もうだいじょうぶ。かかわったおおぜいの人々の気持ちと力がつまっているステキな自然観察園です。

卒業しても、大人になっても時々見に来てください。そうして秋津っ子だったころを思い出してください。これは、秋津のみんなの自然観察園です。大人や子どもたちが、この自然観察園で楽しそうにしているのを、時々見に来たいと思います。

――――

文中の「八年前」とは一九九二年度のことですが、宮崎さんは当時、秋津小学校の教頭でした。その年度から「生活科」がはじまったこともあって、小さな池を手づくりしたのです。その後、他校に転任し、九六年度にこんどは校長としてふたたび秋津に戻ってきました。そして、秋津のことを論文にまとめ、読売新聞社主催の「読売教育賞」に「学校と地域のかろやかな連携―学校からの発信で生涯学習の街づくり」と題して応募して、みごとに最優秀賞を受賞しました。その賞金五十万円を、ビオトープづくりの資金として提供しました。そして、ビオトープづくりの総監督をつとめた槇さんらと準備し、着手しかけた九九年度からは、市の教育センター所長に転出しました。

読売教育賞受賞論文の表題に「～生涯学習の街づくり」と宮崎さんが冠したように、「学校こそ生涯学習の拠点になる！」とつねに主張し実践されてきた宮崎さんの「時代の先を見る眼力」に、私は感嘆してきました。今日の、学校を拠点にした生涯学習のまちづくりをすすめる秋津の姿をみるにつけ、秋津に住むひとりとして、あらためて宮崎さんに大きな感謝の気持ちを捧げます。

また、槇さんは、ビオトープの構想をはじめた九七年から完成までの三年間、じつにマメにそして辛抱強く総指揮をしてきました。根が真面目なので（？）アレの場面にはあまり登場しませんが、けっこうひょうきんもの（槇さん、ゴメン！）です。

槇さんの「ビオトープとは、その地の自然生態系を復元する意味から、できるだけほかから生き物を持ってきて入れないように。また、ドロンコ池は子どもたちが遊べるように浅くつくりますが、大きな池には子どもたちは入らないように」という生真面目な、「さすが！　ビオトープ一級管理士！」の講釈を拝聴したノリノリ団員さまがたは、槙さんに頭が上がりません。

でも……。ある夏の暑い昼下がり。

子どもたち数人がビオトープの大池に入り、遊びはじめました。それを見た、あるノリノリ団員Aさんと私との会話。

Aさん「あ～あ、槙さんに見られたらおこられんぞー」と独りごと。

私「いいんじゃない。子どもたちだって、自然の生態系の一部なんだからさあ！　人間ビオトープなんじゃないの」と独りごと。（槙さんが、この本を読まないことをお祈りしよう。）

ビオトープづくりへの想い、それぞれに

ビオトープづくりの作業開始から完成時までの配布物には、かかわった人たちの気持ちがよくあらわれています。

……この秋十月三十日に地域の方や保護者を中心とした「自然観察園」（ビオトープ）造成作業が始まりました。

木々に囲まれた秋津だけれど水辺がない。子ども達が大好きな水辺を教室のどこからでも見える校庭に造り、とんぼやホタルが飛ぶようにしたい。水音をたてるきれいな小川、ドロだらけになって一苗一苗子ども達が植えるイネ、取ってきたザリガニは、生き生きと動き回り、いつの間にかヤゴやタガメが生まれ、夏にはホタルが飛び交い、秋にはたくさんのとんぼが群れるとんぼ

池。
そんな大人の思いに応えて、校内に子ども達の実行委員会が発足し、夏休みにはたくさんの「水辺の思い出」の作品が集まりました。
一九九九年十二月十八日　秋津小学校校長　佐々木幸雄／秋津小学校ＰＴＡ会長　五十部純
（『とんぼ池通信　第一号』）

『とんぼ池通信』は、以後もことあるごとに発行されました。この通信を発行しつづけ、この年と翌年度と二年間、ＰＴＡ会長をつとめた五十部純お父さんは、完成式で配布した資料につぎの感想を書いています。

初夏の渡る風が「自然観察園」の青苗をまるで幼い子どもらを撫でるように揺らしています。田植えの日は強い雨の日だった。でも、とても明るい情景として思い出されるのは、子どもたちのどの顔にも笑顔がいっぱいだったからでしょう。
昨年の今頃、初めて自然観察園の紹介がされた時から、様々な方々が様々な想いでかかわってきたけど、みんな同じ様に子どもたちの笑顔が見たかったんだね。みんなこれを待っていたんだね。よかったね、よかったね。秋津の自然観察園。おめでとう、おめでとう。秋津の自然観察園。
秋津小学校ＰＴＡ会長　五十部純

完成式では作業にかかわった大人全員に、子どもたちから感謝状が読みあげられて手渡されました。

感謝状　○○○○殿

私達秋津小児童のためにすばらしいビオトープを作って下さって本当にありがとうございました。

ビオトープができたとたん、池にはカモなどが飛んできてとてもびっくりしました。

このビオトープにもっとたくさんの生き物が来てくれるように大切にしていきたいと思います。

平成十二年六月三日　秋津小児童会　ビオトープ実行委員一同

大人になってから、地域で親友がつくれるんだ！

ビオトープ完成の二〇〇〇年六月から間をあけず、こんどはいよいよ、手づくりでの井戸掘りがはじまりました。その直前、私は秋津の仲間にメールをしました。ちょっとおセンチな文で気恥ずかしいのですが、そのときの偽らざる私の気持ちなので紹介します。

秋津の友へ！

二〇〇〇年八月一日　岸裕司

秋津の友へ！　などと青臭い出だしでお笑いのことと思います。

しかし、私は今、どうしても「友！」といいたいほどの、大きな、おおきな感動に包まれています。それは、いよいよ念願の上総《かずさ》掘りによる井戸掘りが八月五日からはじまるからです。

こんな気持ちになったのは、これまでさまざまにおつきあいをいただいた秋津のみなさんがいたからこそと、しみじみと想い、感謝の気持ちでいっぱいです。

いつの頃か、社会人になりたての頃、「これからの人生で、親友と自らが思える人は何人くらいできるだろうか？」と、考えたことがありました。それまでの短い人生を振り返り、親友と呼べる友はたったの二人でしたから……。しかし、同時に「二人も親友がいる！」と想い返し、持てたことの幸せを想うのでした。

その頃は、「多分、十年でひとりできれば良いほうだろうな」と、ぼんやりと感じていました。社会人になっての出会いの人って、会社や仕事関係なので、親友と思えるまでのおつきあいなんてできないだろうなと、漠然と思ったからでもありました。

しかし、そんな風に思ったこととは裏腹に、「いや、親友は自らが働きかけて創るのだ！」とも思いました。でも、どうやって……。長いこと、その糸口を見出せないままにこれまで来たように思います。

今、大きな感動に包まれているのは、「地域で親友が創れることを発見できた！」と、思えるようになってきたからです。

秋津がスキだ！　秋津でのさまざまなひととのふれあいが、ものすご～くスキだ～！

私は今、そのことを感じています。五日から始まる上総掘りが、楽しみです！

井戸水がでたら、まず頭からザブンと井戸水をあびて、二十年前のなにもなかった秋津の地をここまで創造してきたステキな友に、大きな感謝をしよう！　今は亡き友への想いも、ザブンに込めて！

井戸水がでたら、ドラム缶にいっぱい溜めて、月夜に星をながめながらお風呂に入ろう！

そして、その延長に、風車を創り……。

そのまた延長に、ソーラパネルで電源を創り……。

そのまたまた延長で、ビオトープでは蛍を飼って……。

秋津の友へ！　感謝をしています！

「ひとり二センチ二〇〇〇人」で、校庭に防災井戸を掘る

さて、「井戸掘りタイ！員」募集のポスターには、こんなキャッチフレーズをつけました。

「1人2㎝2000人、みんなで掘れば40m！」

ひとりが二センチメートルを掘るのならば、「掘れそうだから参加してみようかな」と思えてきませんか？　それに、二十周年記念と西暦二〇〇〇年の「二」にひっかけてのキャッチフレーズなのです。

秋津のまち誕生二十周年記念事業のイベントのひとつとして、この井戸掘りをおこないました。電気を使わない手掘りの工法であることから、今はすたれて道具が博物館入りしている千葉県上総地方の伝統的な井戸掘り工法「上総掘り」に挑みました。

学校に井戸を掘るのは、学校が「いざ！」のときの避難所だからです。阪神淡路大震災で学校に避難して生活しつづけた経験談から、「豊富な水の確保の大切さ」を学びました。そんなことから、災害時には自分たちの生命を守ろうと、地域をあげて掘ったのです。

同時に、ビオトープ用の池の水確保もねらいました。無料の井戸水ならば、有料の水道水を使わずにすみますからね。さらには「いつかはホタルも飼いたいね！」という、一石三鳥の夢をみんなで描いたアイデアです。

結局、期間中には子どもからお年よりまで、延べ千人が参加して掘りました。真夏の暑さのなか、「市民とのキャッチボール・コミュニケーション」を理念に掲げる習志野市長の荒木勇さんも何度も顔をみせて、ノリノリ団を励ましてくれました。

二〇〇〇年八月二十日、日曜日の午後遅く、念願の井戸水が、秋津小学校の校庭に出水しま

した。

「いやー、冷た～い！」「井戸水がものすご～い勢いで出るね！」

地下深い三十万年前の地層に流れる水脈から、摂氏十六度の冷たい清水が、毎分七十リットルも、手こぎポンプと電気ポンプからコンコンとわきでてきます。しかし、鉄筋ビル十六階の高さに相当する四十八メートルまで掘りながら、埋立地のためか、残念ながら塩分が一パーセントふくまれていました。

「これじゃ、植物やメダカにはダメかもね」「田んぼや池には使えないね」と、水不足で悩むアフリカで何本もの上総掘り指導をしてきたNGO代表の大野篤志さんは、少し気落ちしていました。

三十代の大野さんは秋津在住で、ご夫妻には子どもがいないことから、これまでは学校やコミュニティ活動には参画していませんでした。しかし、ビオトープの計画が動きだし、「どうせなら池の水は井戸を掘ってまかないたいね！」と、ビオトープづくりを指揮した槇さんらと話していたところ、「四丁目に上総掘りができる人がいるよ！」と教えてくれた山田尊さん（秋津コミュニティの前身、秋津地域生涯学習連絡協議会・初代会長）の紹介で、大野さんを知るところとなり、実現に向かって一挙に進んだのでした。

井戸は完成後に「ポレポレとんぼ井戸」と命名し、タイルで銘板を手づくりしました。「ポレポレ」は、アフリカのスワヒリ語で「ゆっくり、ゆっくり」の意味です。指導した大野さん夫妻がたびたびスワヒリ語圏に指導にいっているご縁と、「秋津の象徴の『とんぼ』をぜひくわえて」との子どもたちの意見とをあわせて命名しました。

風車にソーラー発電、食材調達……夢ふくらむエコスクール構想

ポレポレとんぼ井戸からは、三年が経過した今も冷たい水がコンコンとわきでてきます。夏休みには、スポーツで汗を流した子どもや大人が水浴びをしたり、コミュニティ・ガーデンに遊びにくる家族はスイカを冷やして食べたりと、それぞれに工夫をしながら井戸水を利用しています。また、幼稚園児のドロンコ池での体験学習（？）後には、からだ洗いにも利用されています。もちろん、この章の冒頭に紹介したとおり、ドラム缶風呂も大人気です。

思えば、お花のおばあちゃんによる校庭の環境改善からはじまった秋津小学校は、おやじたちの出現により、飼育小屋や幼稚園の遊具づくり、「うらの畑」や花壇づくり、ビオトープや田んぼづくり、ケナフの栽培から紙漉《す》き、秋津果樹園の誕生と維持活動、ポレポレとんぼ井戸づくりなど、さまざまな校庭の改造へと発展してきました。

さらに二〇〇三年度からは、学校発信で地域のだれでもが参加できる、月一回子どもとおこなう「グリーン活動」（花壇の花植え）や「クリーン活動」（学校周辺のゴミ拾い）もはじまり、またお年よりが学校に毎月第二金曜日につどって子どもと遊ぶ、市社会福祉協議会秋津支部主催「サロンあきつ」の開設へと広がりをみせています。

私は、このコミュニティ・ガーデンにさまざまにつどう鳥類や両生類や虫たち、池にはまって遊ぶ子どもたちの姿を思うとき、「人間も環境の一部」と思うのです。そんな、だれもがいきいきとかかわりあって自然環境や住環境をよりよく改善するあり方は、「コミュニティ・アート」だと思います。

そして、きっと夢ではなく、井戸掘り開始のときに秋津の仲間にメールをしたような、「風

車をつくって自家発電」「屋上にソーラー発電」から「給食の食材を校庭で栽培」「生ゴミの堆肥化」などなど、学校にとっては環境学習素材がいっぱいのエコスクールへと、地域にとってはだれでもがつどい憩い楽しめるコミュニティ・ガーデンへと、まだまだ進化しつづけるであろうと確信するようになりました。

COLUMN 1

父親たちは出番を求めている

学校へのお父さん引っぱりだし作戦

作戦　その一

飼育小屋づくりに、PTA役員仲間のお母さんのダンナを引っぱりだそうとしたときです。はじめに、お母さんと子どもに「お父さん、学校にいこうよ！」と誘ってもらいました。しかし、お父さんは来ません。なぜ来ないのかは、同じ男性なのでわかります。お父さんは、行った場合の自分の居場所のイメージがつくれないのです。ふつうのサラリーマンのお父さんなら、とくにそうです。

そこでPTA会長の肩書きをいかして、私の出番です。まず、電話で誘います。

「あ、○さん？　PTA会長の岸ですけど。いつも奥様にはPTAでお世話になっています。奥様に聞いたのですが、けっこうモノづくりなんかお好きらしいですね！　ぜひ飼育小屋づくりをいっしょにやりませんか！　子どものころの工作みたいなもんですから！」

男性なら、子どものころに工作のひとつやふたつは手がけていますから、そんな楽しい思い出が甦ってくるものです。得意かどうか知らなくても、ともかく持ちあげます。

PTA会長がやるべき役目の第一は、「歯の浮くようなお世辞も平気でいい放てること」です。よいしょ、よいしょと持ちあげて、お母さんと子どもと私とがお父さんの周りを取り囲むようにしながら、グイグイと誘いこみます。

そうやって誘いこむ方法を、「蟻地獄作戦」といいます。

作戦　その二

飼育小屋づくりでは、団地では見ることのできない「上棟式」をおこないました。主要な柱を建てたところで、作業者の完成までの安全を祈念する行事だそうですが、お神酒《みき》ていどは使いつつも宗教色は抜きにおこないました。飴玉や、幼稚園児らがついた紅白のお餅や小銭などを投げて、集まった子どもたちが大騒ぎで拾います。家の新築時の伝統行事です。

そんなイベントのさいには、学校長とPTA会長の連名で「参加のお誘いチラシ」をつくり、子どもに持たせて家庭に配布します。母子につられて、多くのお父さんたちもやってきます。しかし、シャイなためにイベントの中心には近よらず、遠巻きに見ています。しかも、お父さん同士が知りあいでないため、それぞれポツン、ポツンと点のようにバラバラで所在なげです。

そこで、またまたPTA会長の肩書きをいかして、私の出番です。

そんなお父さんに近づき、「PTA会長の岸ですけど……」とニコニコしながら声をかけます。そして、参加者名簿に記入してもらいます。このとき、お父さんにいぶかしがられないためのコツは、子どもやお母さんに先に名簿に書いてもらい、子どもに案内してもらって近づいて、お父さんに書いてもらうこと。お子さんにも「ねえ、書いてよ！」と促してもらえば、まず百パーセントOK！　もちろん「蟻地獄作戦」と同様、ほめことばを連発しながら。

PTA会長がやるべき役目の第二は、「かならずお父さんに筆記用具を手渡して、自筆で書いてもらうこと」です。自分で書くことで、参加の自覚が促されるからです。そうやって、この日は何人もの新人お父さんをゲットしました。

この作戦を、「投網作戦」といいます。

作戦　その三

飼育小屋のペンキ塗り作業中のある休日のことです。校庭で、お父さんと小さな女の子が遊んでいます。こんな機会も、PRマンとしてのPTA会長の出番です。私はペンキの刷毛を持ち、ニコニコしながら父子に近づきます。

「ねえ、お名前は？」と私。

「桃子です！」

「桃ちゃんか！　桃ちゃん、元気いいね！」

「桃ちゃん、おじさんのこと知ってる？　PTA会長の岸おじちゃんです！　よろしくね！」

こんな挨拶をすると、たいていのお父さんは、テレながらもニコニコしてくれるもんです。そして、いよいよ本番開始！

「桃ちゃんねえ、ペンキ塗りしよう！」と誘います。すぐさまお父さんにも「桃ちゃんといっしょにやりましょう！　楽しいですよ〜っ！」とその瞬間、お父さんの腕をとり、ペンキの刷毛を持たせてしまいます。その腕を持ったまま、「桃ちゃん、お父さんとやろう！」といいながら、ズンズンと飼育小屋に近づきます。

もうおわかりと思います。そうです！　PTA会長がやるべき役目の第三は、「機会をのがさず誘いこむ強引さ」で〜す！

さあ、お父さんと桃ちゃんは、ペンキを塗りはじめました。ここでいつものお世辞とほめちぎり作戦です！　そして、お父さんに筆記用具を渡し、お父さん自身に参加者名簿に記入してもらうことを怠りません。記入いただければ、「一丁あがりぃ〜！」です。


こうしてゲットしたのが、のちにPTA会長を担い、今は秋津コミュニティ会長と秋津小学校コミュニティルーム運営委員会委員長の橋村清隆さんです。

桃ちゃんは橋村さんの三女ですが、とっくに秋津小学校を卒業し、今では高校一年生です。ですから橋村さんは、今は秋津小学校の保護者でもPTA会員でもありません。でも、秋津小学校に通いつづけています。通いつづける「仕事」と楽しさが、学校という場や秋津コミュニティの活動にあるからです。

橋村さんは、あるときのテレビ取材でいいました。

「私がPTAにかかわるキッカケは、飼育小屋づくりのときに、誘いじょうずの岸さんから『ちょっと塗ってみる？』って誘われて刷毛を持たされたんですね。それがキッカケです」と。

私はそれをテレビで聞いたとき、シメシメと思うとともに、とてもうれしかったです。

テレビ取材のなかで橋村さんは、秋津コミュニティについてこういいます。

「ここは気楽なんですね。仕事だったら、いろんなしがらみがあるじゃないですか。でもここにくると世代はぜんぜん違うし、だけど仲間なんですよね。ふつうに友だちとして話せるっていう環境があることが、一番いいのかなってね」(「親の目　子の目～お父さんたちの秘密基地」テレビ朝日、九九年七月二十六日放映から)。

こういう誘い方を「一本釣り作戦」といいます。

こうしてさまざまに工夫をしながら、お父さんの引っぱりだし作戦をおこなってきた秋津ですが、じつは「蟻地獄作戦」「投網作戦」の名称は、大阪府貝塚市の「子育てネットワーク」のお母さんがたに伝授していただいたものです。数年前に貝塚市で講演をしたさいの懇親会の席で、「あら、秋津の引っぱりだし作戦は、うちではこういうのよ」と教えてもらいました。

子どもの学齢を超えてのお母さんたちの子育てネットワークは、その笑顔とともにネーミングがステキです。お父さんたちのグループを「呑み助ごろごろ」と呼んでいました。

お父さんをリピーターに育てるコツ

お父さんたちに書いてもらった「参加者名簿」は、リピーターになってもらうための貴重な「秋津の財産目録のようなリスト」です。

私はこれを、「お父さんを次回にも学校に引っぱりだし、学校に出勤(?)しつづけてもらうための財産目録」と思いながら、祈るような気持ちで、お父さん自身に毎回毎回、雨の日も風の日も、たとえ嵐が来ようともよろけながらひたすら前に前にと(「大げさ!」とワイフの声)……かならずお父さんに筆記用具を手渡して、自筆で書いてもらいつづけました。

そうして集めに集めたお父さんたちの名簿は、一回参加だけにさせないリピーターに育てるために活用してきました。

コツを伝授しましょう。

モノづくりの完成までのとちゅうに、たとえば上棟式のような、より多くの人が楽しめるイベントを仕掛けます。そのさい、校長とPTA会長連名の参加の呼びかけチラシを家庭に配布します。しかし、お父さんをお誘いする内容でも、チラシはたいていお母さん止まりです。

そこで、以前に記入してもらった「参加者名簿」から最近来ていないお父さんへ、チラシを個別に自宅に届けます。もちろん最初のチラシとダブりますが、ダブったっていいんです。個々のお父さん自身に刺さることが目的なのですから。

「○さん、岸裕司です。その節はお世話様でした。その後も順調に飼育小屋づくりは進んでいます。ところで、以下のイベントがありますが、ご参加いただけないでしょうか？」

「最近お見かけしていませんが、お仕事が忙しいのでしょうか？　ぜひお顔を見たいです。またイベントのあとには『アレの会』もしますので、ぜひご参加いただき、いっしょに楽しくやりたいです！」

恋文のように想いを込めて、文章を添えます。するとくだんのお父さんは「ああ、覚えていてくれたんだ！」「久しぶりで行ってみようかな」という気持ちになるものです。そうして当日、二度目の参加者としてやってきます。そのさい、大げさに喜ぶことがＰＴＡ会長の役目です。

「いやあ、○さん、来てくれたんだ！　うれしいな！」と笑顔で迎えます。そして、すでに常連になっているみんなに大きな声で紹介します。「みんな！　○さんが来たよ！　二度目だよ！仲間だよ！」といいながら、みんなのなかに押しだします。これでこのかたは、かならずリピーターに育ちます。

三回目に来たときは、あまり大げさな歓迎はしません。そのほうがかえって、すでに仲間という感じになるからです。そして、その後はこのかたが、つぎの新人お父さんにやさしく対応する役者に育つのです。なぜかというと、ご自分が仲間になれた心模様の変遷を知っているからです。

さらに、ある種のことが得意であれば、「○の世話役さん」に抜擢します。そうやってさまざまなサークルを立ちあげ、「たくさんの頭」をつくっていく方法を、秋津では「多頭制《たとうせい》」と呼んでいます。

私のこれまでの経験からいえることは、「人は楽しいことや、心の底から仲間と思える人びとに出逢うと、自然と心が転換し、身体も動かしたくなる」ということです。

お父さんとしての自覚を促すコツ

ところで、参加者名簿に記入する場面を見ていると、ご自分の子どものクラス（何年の何組か）を知らないお父さんが意外と多い事実に気づきます。なかには、学年もよくわかっていないお父さんもいます。そんなとき、目一杯いじめる役割も、ＰＴＡ会長の仕事（？）です。

みんなに聞こえるように大げさに、私はいい放ちます。

「お父さん！　自分の子どものクラスも知らないの？」

当然、お父さんはビックリします。そのビックリが大切なんです。そして私はさりげなく、小さいながらも聞こえるようにいいます。

「産んだだけではお父さんになれないからなぁ……」

これまでの経験から私は、父親というのは意識的に「お父さんになろう！」と決意して努力をしないと、お父さんになれないのではないかと思うようになりました。子どもとの対峙のしかた、家族とのポジションのとり方、自分の子どもをとり巻くほかの子どもとの距離感覚、そして、それら地域の子どもをめぐる「世間」を内なるものにする努力が必要です。その象徴的な入り口としてあるのが、「自分の子どもの学年・クラスを知っていること」じゃないかと思います。ですから、イヤミかもしれませんが、お父さん性を促すために、ご自分の子どものクラスは覚えてほしいと思い、ひたすらイヤミに励みました。

今の時代、産んだだけでは親になれないのではないでしょうか。お父さんもお母さんも、親になる努力が少しは必要なのかもしれません。そんな環境づくりが、おせっかいといわれそうですが、身近な先輩のつとめ（「エラそうに！フン！」と、またまたワイフの声）とも思います。

「モ・ス・パ」の扉から！

お父さんたちだけが望んでも、来てもらうことを学校が望まなければダメですよね。お父さんにとっては学校に行くのが楽しくなるメリットがあり、同時に、学校にとってもお父さんたちに来てもらうメリットがある「コト」と、両者をつなぐ「考え方」が大切になります。私の経験から、そんな「コト」と「考え方」をあげてみます。

1―お父さん自身が楽しめて、しかも学校に役立つことを探す。

2―とっつきやすいのはモノづくり。期日があって完成の喜びを体験できるから。

3―モノづくりをふくめた三分野「モ・ス・パ」を入り口に。すなわち、モノづくり、スポーツ系、パソコン系の頭文字です。この三分野は比較的男性が得意な分野で、かつ、どこの学校も教員の高齢化や、とくに小学校は女性教員が多いことから手薄になりがちで、歓迎されると思います。

4―お父さんたちは（お母さんたちもそうですが）、学校や先生を一方的に突きあげてはダメ。協働してコトに取り組む姿勢が大切です。

5―学校に入れば、先生のしんどさも見えてきます。「モ・ス・パ」以外でも、可能なものがあれば引き受けます。

6―あくまでも自分が楽しむことが目的。だから謝礼は払わない・もらわないの「無償」が原則です。もっとも、自分の子どもが通う学校からお金をもらおうと考える大人はいないと思いますが。

7―打ちあわせなどの時間は、おたがいになかなかとりにくいので、可能なかぎり学校と地域の折りあいのつく時間帯を探します。また、電話やファックス、メールを多用することもおすすめです。

秋津ではこんなふうに、学校にもお父さんにもメリットを生むようにはじめから意図して仕組む考え方でつきあいつづけ、学校をお父さんにとっても心地よい「居場所」に変えてきました。

2 休校日は地域におまかせ

——学校週五日制を「ドンとこい！」で迎えた！

休校土曜日を楽しく遊ぼう。秋津小に集まれ！

「おじちゃ〜ん、バザーはぜんぶ売れたから卓球にいくんだ！」と、五年生の女の子。「ボクは健康体操を、おじいちゃんたちとしたんだ！」と、こんどは男の子が私に話してくれました。

二〇〇二年の四月二十日、第三土曜日。完全学校週五日制実施であらたに増えた、はじめての休校第三土曜日に、地域が主催・運営して、秋津小学校を会場にさまざまなイベントをおこなっているところです。

体育館では、地域のスポーツ指導員の酒井健司さんらが担当し、幼児をつれたお母さんからお年よりまでが楽しめる健康体操をおこなったり、子どもと大人が卓球などを楽しんだりしています。校庭では、同じくスポーツ指導員の嶋村清一さんらのおじさんと子どもたちがボール遊びや鬼ごっこで遊んでいます。

これらは「休校土曜日を楽しくあそぼう！　秋津小に集まれ！」の表題を大書したチラシを、校区二千四百戸に全戸配布してつどってきた人びとによる、初の「トータルスポーツ」のようすです。

また、お父さんたちが準備しておこなう竹工作や遊びの広場、焼きそばなどの食べ物コーナーとともに、バザーは秋津小学校のロータリーで開催しました。例年、秋の秋津まつりでおこなう「秋津っ子バザー」の臨時開催です。子どもたちが自主参加するこのバザーについては、6章でくわしく説明しますが、主催・運営する「秋津コミュニティ」は、地域の生涯学習のソフト面を開発し推進することを目的とした、事務局を秋津小学校におく任意団体です。一九九一年度にＰＴＡなどを母体にして発足した「秋津地域生涯学習連絡協議会」を前身にしています。

その後、秋津コミュニティと改称し、二〇〇三年六月現在は、秋津全人口約七千三百人が対象の「秋津まちづくり会議」や「秋津地区連絡協議会」など町会や自治会連合会のような団体から、秋津幼稚園や秋津小学校ＰＴＡ、秋津保育所保護者の会や秋津学童父母の会などの子ども関係団体、生涯学習を自主的におこなう陶芸同好会、さまざまなモノづくりをする工作クラブ、パソコン倶楽部や大正琴サークル、コーラスや劇団、サッカーや野球などの少年スポーツサークルなどまで、合計四十八団体が参加しています。

一九九五年九月からは、学校の余裕教室四室や余裕敷地や陶芸窯を学校と教育委員会から借り受けて、「秋津小学校コミュニティルーム」の名称で活用しています。運営は、秋津コミュニティ内部に「秋津小学校コミュニティルーム運営委員会」というハード面の管理運営団体を組織し、利用者による「自主・自律・自己管理」を理念におこなっています。コミュニティルームは、盆暮れや正月などのわずかな休館日以外、一年中、たったの一人からでも、だれでも気軽に使える、「学校が生涯学習の場」の施設です。

そんな実績の延長に、完全学校週五日制実施であらたに増えた休校土曜日もふくめて、コミュニティルームから体育館や校庭までを使い、子どもから大人までがつどい楽しめるイベントを、教職員や行政をたよるのではなく住民みずからが考え、工夫して実施しています。

学校週五日制も夏休みもこまらない。休校日の楽しさ爆発！

秋津小学校と校区のかたがたとのさまざまな交流を描いた私の前著のカバー袖には、こんな六つの文言を大書しました。

「学校週五日制、ドンとこい！」「総合学習、屁のカッパ！」「学校も地域も楽しい学社融合教育」「安心して老いられるまち」「金をかけないまちづくり」「寝る場所から生きる場所へ」

とくに、二〇〇二年度から実施された完全学校週五日制や、新学習指導要領での「総合的な学習の時間」について、地域の一生活者の私が四年もまえの当時に、どうして、「学校週五日制、ドンとこい！」「総合学習、屁のカッパ！」などといえたのでしょうか。

先生とは違って転任がない地域の生活者である私たちは、それまでの学校と保護者や地域の人びととのさまざまな「授業の協働」の経験によって、近未来の学校と地域のあり方を考え、その後も学校と協働しながら二十一世紀へ向かってあらたな教育創造への準備ができると確信していたからです。

では、四年後の今、具体的になにをしているのでしょうか。

「学校週五日制、ドンとこい！」といえた、学校を拠点にした休校日の地域主催の実践例を以下に紹介します。

〈完全学校週五日制下での休校日の活動〉

▼「トータルスポーツ」……完全学校週五日制の実施であらたに増えた休校土曜日の午前中、体育館と校庭で、地域の社会スポーツ指導員が自主的に担って運営。子どもからお年よりまでがスポーツを楽しめる場です。健康なまちづくりをも考慮して、二〇〇二年四月にはじめました。

▼「習志野ベイサイドスポーツクラブ」（略称・ＮＢＳ）……二〇〇一年に中学校区の市民を対象に発足させ、さまざまなスポーツを楽しんでいます。このＮＢＳを発足・稼動させていたからこそ、先の「トータルスポーツ」が実現できました。

▼「秋津小学校コミュニティルーム」での活動……子どもからお年よりまでの多種多様なサークルや団体がつどい、学びや会合をおこなっています。

▼「コミュニティ・ガーデン」……ビオトープ周りのコミュニティ・ガーデンを、バーベキューやさまざまなイベントの場として活かしています。

また、ほかにも年間恒例行事として、つぎのことをおこなっています。

▼「秋津音楽亭」……地域の音楽好きな有志による音楽会を年二回、秋津小学校併設の秋津幼稚園の講堂で開催。一九八八年のＰＴＡまつりが最初で、その後、校内音楽会にとり入れられたり、一時中断したりもしましたが、二〇〇〇年の秋津のまち誕生二十周年記念のイベントのひとつとして復活し、以後、毎年つづけています。

▼「秋津探検ウォークラリー」……秋津のまちなかをみんなで探検しながら（ポイントでゲーム）歩くイベント。これも二十周年記念のイベントのひとつとしてはじまり、約三百人が参加したことから、以後、毎年つづけている好評のイベントです。

▼「防災被災訓練を兼ねた一泊キャンプ」……夏休み開始直後の連休におこなう、恒例のノリノリイベント。とくに若い父親たちの参加と異年齢層間の交流が特長です。
▼「おばけ屋敷」……十月の秋津まつりの一環で休校土曜日の夜にコミュニティルームの一室を改造しておこなう恒例イベント。最近は、子どもや卒業生が演じるおばけが好評（？）です。
▼「秋津っ子遊びの広場」……秋津まつり二日目の日曜日に秋津小学校のロータリーでおこなう恒例イベント。中高校生のストリート・バスケット、秋津っ子バザーが子どもに好評。秋津小学校と幼稚園のＰＴＡとともに秋津コミュニティが運営します。

遊びが大好きな秋津の面々は、夏休みはとくに、学校につどって遊びまくります。

野菜や草花の栽培をする「うらの畑」サークルは、十分うれておいしそうに育った野菜を、遊びにきた子どもたちと収穫して簡単に料理しては、「アレの会」を楽しみます。また、五年生が授業でつくっている田んぼの水の管理と称しては、毎日のように学校に通って遊んでいくおじさんたちで、校庭はにぎわっています。さらに、地域の人たち有志による劇団「蚊帳《かや》の海一座」が毎年十一月に催す定期公演のための稽古や、芝居で使う道具づくりなどで、関係者のコミュニティルーム通いがひんぱんになります。

そんななか、夏休みならではの恒例イベントは、「防災被災訓練を兼ねた一泊キャンプ」でしょう。前著にそのようすを書きましたので、ここではそのノリノリぶりの詳細は省かせていただきますが、プールでは父子で手づくりの丸太イカダで遊んだり、幼稚園児の若いお父さんたちとベテランおじさんたちとの交流を計画し、新人お父さんゲット！　の場ともなっています。

夏休みも学校をさまざまなイベントの拠点にすることで、子どもをもつ保護者はもちろん、子のない大人も学校に縁ができ、いつしか「子縁《こえん》をとおして仲よくしましょ！」のキャッチフレーズができました。なんでもかんでも学校につどって活動することで、「地域の宝の子どもたちが通う学校も、やっぱり地域の宝だね！」という想いを、大人たちが共有するようになってきています。

もっとも、休校日におこなうことから、教職員にはこれらのイベントへの参加の強制はいっさいしていません。とくに先生には、権利としての休日を十分にとっていただき、明日の授業の充実を期していただければという考え方だからです。

しかし、秋津小は、二〇〇三年度の秋津まつりには学校と幼稚園を「全校（園）登校日」にしました。この年度からの新設「ふれあい科」の授業日に、「休校日」をあえてあてたのです。そのことは、「教育目標に合致するからこそ、休校日であっても校区地域社会の行事を学校の授業へと取りこむこと」へと進化した、「新しい地域との授業の協働のあり方」として、大歓迎したいと思います。なお、代休日はべつの日にもうけています。

学校週五日制は、大人の都合だけで決めていいの？

ところで、二〇〇二年度から実施された完全学校週五日制では、年間百六十五日＝四五パーセントもの日数が「学校が閉まっている日」になりました（学年によってや一部の地域では二、三日前後の違いはあります）。

このことは、完全学校週五日制の実施が発表された一九九八年時点に私は調べてわかっていました。そのころ「毎週土曜日が休みになったら、子どもたちはうれしいんだろうか？」と気になりました。だって、学校が好きな子が秋津には多そうだからです。そこで何人かの子どもたちに聞いてみました。

「毎週土曜日が休みになったら、きみたちどうだい？」と私。

「やだあ！」という子が何人もいます。

「へえ、そう。なんで？」と私。

「だって、土曜日は日曜日に遊ぶ約束をするんだもん！」という子。

「あ、そう。でも先生も休みを増やさなければならないんだよ。きみたちのお父さんも土日は休みだろう？」と私はいいつつ、「じゃあ、もし休みを増やすなら何曜日がいいの？」と聞いてみました。

すると、「月曜が休みだとうれしい！　日曜日は遊んで疲れるから」とか、「週の真ん中は疲れるから、水曜日がいい！」とかの意見でした。私は思わず、「おまえたちなあ、なんだかサラリーマンのおっさんみたいだなあ！」と叫んでしまいました。

また、子どものなかには「土曜日のクラブ活動はどうなっちゃうの？」と心配する子もいます。

クラブ活動は、四〜六年生全員が参加する授業です。が、秋津では一九九二年度から、保護者や地域の大人が多数参画して実施する「子どもと大人の協働授業」の伝統をつくってきました。この子は、このクラブ活動が廃止になったり、ウィークデーに移行することで大人の、とくにお父さんらの参画者が減ったりすることを心配しているようなのです（クラブ活動についてくわしくは3章に）。

そこで、週休二日制を実施しているおもな国を調べてみたところ、ほとんどの国は土日が休みですが、フランスは水曜日と日曜日が休みでした。私は「なあんだ、土日と決めなくてもいいんじゃないか！」と思い、「休校日の希望を子どもたちに聞かないで、大人の都合だけで決めてもいいのだろうか？」と疑問をもちました。また、「土曜日が全休になり、クラブ活動がウィークデーに移行したら、大人の参画者がガタッと減って、秋津がつくってきた子どもと大人の『授業の協働』のひとつが弱くなるのになあ」と心配になりました。

それに、当時から秋津は、休校日もコミュニティルームなどが地域に開放されていたのでいいですが、学校施設の開放が進んでいないところの子どもたちは、これだけの日数をどこで遊ぶのでしょうか。とても気になりました。

全国どこにもある学校は、子どもたちが毎日通うことから親しみがあり、家から近く、本来いちばん安全な場所だと思うのです。もしこのままで完全学校週五日制を実施したら、「道路や危ないところで遊びなさい」とでもいうのでしょうか。鉄の門扉や金網の柵で入らせないこともそうですが、「子どもたちの意見を聞いたり代案を示したりしないで、このまま大人の都合で実施してもよいのだろうか」と思いました。

二十一世紀は見本のない時代といわれます。であれば、大人のしがらみに子どもを巻きこむのではなく、「週休二日制は実施するけど、学校施設は校舎もふくめて休校日でもおおらかに開放する」といったような、前向きで創造的な学校と地域のあり方に挑んでもよいのではないだろうかと、当時考えました。

こまったときがシメタ！　地域が休校日を担おう

されど、秋津には「こまったときがシメタ！」の発想があります。完全学校週五日制で土日が全休になり、仮にクラブ活動がウィークデーに移行しても、あらたに増える休校土曜日は、逆に、地域でなんらかの受け皿をつくればよいのではないか、と考えました。

そんな発想で、スポーツを楽しむ「総合スポーツクラブ」と文化系活動の「コミュニティクラブ」をいっしょにつくり、立ちあげようと企画しました。あらたに休校日になるのですから、先生にはお休みいただきます。これまでの教員と保護者や地域との関係は、なんでもかんでも教員に押しつけての、おんぶにだっこになりがちだったのではないでしょうか。そんなことで完全学校週五日制を迎えても、先生に過重な負担を強いるだけで、ましてや地域の自主性は生まれないのではないかと思ったのです。

ただし、学校や教育委員会には「あらたな休校日で学校教育に使用しなくなる学校施設は、今までどおり地域に全面的に開放してくださいね」と、早めにお願いすることにしました。そうしないと、体育館や校庭を既存の特定スポーツ団体が借りてしまうかもしれないからです。そして、子どもからお年よりまでが楽しめるようにすれば、クラブ活動のように「四～六年生まで」と限定しないことから、かえって地域にはメリットが大きくなると思いました。

体育館や校庭ではさまざまなスポーツをやり、しかも異年齢でレベルも違う人の集まりなので、勝ち負けにこだわらない楽しみのスポーツにしたらいい。巨大なボールを使った「サッカーもどき」とか、軟らかいボールで「バレーボールもどき」とか、やれたらおもしろいんじゃないかと考えたりもしました。

そんなことを社会体育のリーダーの嶋村清一さんに話したところ、「それはおもしろい！」といいます。嶋村さんの経験では、「なんとかというスポーツが流行《はや》ると、ドドッと子どもたちが行ってしまうので、そのスポーツを憎む大人がいるんだよね。子どもが自分のところに来なくなるってね。でも、そうじゃないんだよね。なにをやりたいかは子どもに選ばせなきゃダメなんだよね！」というのです。そして、「だから、体育館では体育館のスポーツを軽くやっている。校庭では校庭のスポーツをさまざまにやっている。どれをやるかはその子どもの自主性にまかせればいいんです。今回はサッカー、次回は卓球、そのつぎはソフトボールでもいいんだよね！」と乗ってきました。

私はうれしくなり、「そのつぎはコミュニティルームで陶芸をやったっていいと思うんだ。お母さんとコーラスやったっていいじゃん。そうやって、子どもたちはさまざまなことをやってみて、ボクはサッカーが好きだとか、ワタシは陶芸が好きだとかわかれば、そのあとに既存のそのクラブやサークルに入ればいいじゃないかと思うんだ」と話しました。

そのあとに私は考えました。これから少子化によって、さまざまな団体間で子どもたちの奪いあいになるかもしれないなあ、と。

みんなが子ども向けのイベントを準備するのはよいけれど、たとえばお父さんはこれにかかわっているから来てくれという、お母さんはこっちに来てくれという。先生もこれをやるから来てくれという。子どもはどれに行くか迷います。しかも子どもは、今回はお父さんを立てようとか、先生を立てようとか考えるでしょう。そのとき、もしも参加してつまらなかったら……。子どもはきっとこう考えます。「お父さんが来てくれというから行ったんだけど、つまらなかったなあ」と。それでは子どもの自主性は育まれないと思います。

ですから、選ぶことも子ども自身にやらせる大人社会にならないとダメだろうなあ、と思うようになりました。スポーツでも同じです。大人がすることは「多様な入り口を準備すること」で、「選ぶのは子ども自身で」と考えるようになりました。

当時、二〇〇二年の完全学校週五日制導入の節目というのは、そういう問題をふくんでいるのだろうと思いました。

総合型地域スポーツクラブ発足！　子どももお年よりも

そんなことを考えていた一九九八年当時、文部科学省が「総合型地域スポーツクラブ」の構想を全国に普及するためにPRをはじめました。そこで秋津は、文部科学省の施策も参考にしつつ独自に構想し、二〇〇一年五月に「習志野ベイサイドスポーツクラブ」（NBS）を発足させました。

NBSは、習志野市立第七中学校区（一中学校と秋津小学校をふくむ三小学校がある）の住民を対象エリアとし、さまざまなスポーツを子どもからお年よりまでがいっしょに楽しめる、まさに「総合型」のスポーツクラブです。種目は、卓球、剣道、バドミントン、バレーボール、テニス、グランドゴルフ、パークゴルフ、そしてニュースポーツの健康体操、女子サッカー、ソフトバレーなどです。

会場は四つの学校の体育館や校庭、市営の多目的広場、パークゴルフ場や秋津小学校コミュニティルームなどの公共施設です。会員は二〇〇三年五月現在、二歳から九十歳代のお年よりまで約八百人が登録し、スポーツを楽しみながら仲間づくりをしています。

NBS発足のキッカケは五年まえにさかのぼります。

先の、スポーツリーダーでもあり秋津コミュニティの運営委員でもある嶋村さんと私とのあるときの会話です。

「二〇〇二年度から完全学校週五日制が実施されるんだって」

「もしかしたら、大人も参加してる土曜のクラブ活動が廃止になったり、ウィークデーの昼間になっちゃうかもしれないよ。こまったね」

「とくにスポーツ系には男性社会人の参加が多いから、そうなると出番がなくなっちゃうよね」

「それにさあ、秋津地域の中高校生には、学校の部活ではレギュラーになれないベンチウォーマーもたくさんいるでしょう。あいつらもイキイキと活躍できるスポーツ活動はないものか、と思うんだよね」

話すなかで私は、文部科学省が推進しはじめている、いろんなスポーツが楽しめる総合型の地域スポーツクラブというのがあるらしい、ということを嶋村さんに伝えました。すると嶋村さんは、「それはおもしろそうだね！」「ぜひやってみようよ！」と興味をしめしました。

それから二人で研究し、おおよそのイメージをつぎのように考えました。
▼あらたに増える休校土曜日は、地域が担う「みんなが楽しむスポーツの日」にしよう！
▼だから体育館や校庭は特定の団体に貸しだすのではなく、地域総体が借りられるように、早めに教育委員会に伝えておこう！
▼部活ではベンチウォーマーの中高生も、幼児や小学生の先輩として活躍してもらおう！
▼お年よりも誘い、要介護認定となることが先延ばしにできる健康なまちづくりにしよう！
▼異年齢交流の場にして、勝ち負けにこだわらない「楽しみスポーツ」にしよう！　そうして裾野を広げよう！
▼きょうはサッカーで、次回は卓球でもいいじゃないか！
▼なんでもやれて好きなスポーツが見つかれば、そのうえで特定種目のスポーツ団体に入ればいいじゃないか！

▼先生は権利なんだから休んでもらおう！　休日のボランティア出勤は、これまでどおりにナシでね！

その後の嶋村さんは、「合点承知之助！」とばかりに、すぐに行動を開始しました。

すでに総合型地域スポーツクラブを立ちあげて運営している愛知県や九州方面への視察に、自費で行きました。また、地域のさまざまな種目のスポーツリーダーに呼びかけます。習志野市もたまたま総合型の地域スポーツクラブのモデルをひとつつくりたいと意図していたタイムリーな時期でもあったことから、市の援助も取りつけました。そして、第七中学校区をエリアにした準備会を発足させ、「習志野ベイサイドスポーツクラブ」（ＮＢＳ）を立ちあげました。

ＮＢＳは市民会員による自主運営で、家族会員は保険代をふくめて年会費一万円を自己負担して運営しています。

嶋村さんは、習志野市で最初の総合型地域スポーツクラブ・ＮＢＳの運営委員長であると同時に、市内で二番目に立ちあげるべく二〇〇三年度から準備に入った市立第四中学校区の地域のかたがたにアドバイスもしています。

そして、このＮＢＳを発足・稼動させていたからこそ、その延長として、あらたに増えた隔週の休校土曜日におこなう「トータルスポーツ」が秋津で実現したのです。

実現にこぎつけた嶋村さんは、「発足にあたっての大切な考え方を発見した」とのちに私に話しました。それは、「健康体操や女子サッカー、ソフトバレーのようなニュースポーツを組み入れること」だそうです。「既存のスポーツとぶつからないので、すでにある種目のスポーツリーダーの合意をえやすいから」だそうです。

ところで、秋津小学校のクラブ活動にはスポーツ以外にも、陶芸やパソコン、料理ほかの室内で活動するクラブもあります。これらのクラブも二〇〇二年度からはウィークデーに移行しました。

そこで、先にNBSが立ちあがりましたが、将来的には室内系の「コミュニティクラブ」を、秋津コミュニティが主体になって実現したいと構想しています。その実現には、四階のパソコン室や三階の家庭科室など特別教室の休校日開放も必要になります。休校日や夜間は防犯アラームがセットされているといった問題もありますが、それらの施設も開放されて、秋津小学校をいっそうの生涯学習学校に進化させていきたいと思っています。

ベンチウォーマーの中学生、輝く！

NBSが稼動して一年がたとうとしていた二〇〇二年の夏ごろに、秋津小学校を卒業した中学生の子どもたちが、NBSのリーダーのひとり、酒井健司さんのところにやってきました。

「ボクたちは部活の卓球をやっているんだけど、NBSの卓球もやりたいんだ」

「けど、忙しくて今のNBSの卓球の日時じゃ参加できないから、ほかの日の夜にもやってくれませんか？」とのことでした。

「いつがいいんだい？」と酒井さんが尋ねると、「金曜日の夜ならいいんだけど……」とのこと。そこで、さっそく秋津小学校の体育館で卓球をしているスポーツリーダーと話しあい、中学生の希望日にも開催することになりました。

するると、毎回十人くらい大挙して、中学生がやってくるようになりました。事情通のかたに聞けば、部活の試合では五人までがレギュラーなので、試合にでられないベンチウォーマーの中学生もいるとのこと。私は「シメタ！」と思い、ある日、のぞきにいきました。

案の定、大人に交ざって、中学生が小学生たちと卓球をしています。なかには部活でベンチウォーマーの中学生もいます。その顔は、ニコニコとして輝いているのです！　私は思わず「ヤッタ！」と、心のなかで叫んでいました。

このことこそ、異年齢がつどっておこなう総合型の地域スポーツクラブの醍醐味だと思います。部活と体育協会系の種目別スポーツは、これまでのいきさつから、どうしても試合に出ること、また勝つことにこだわらざるをえないように思います。また、先生の高齢化を背景に、部活の指導ができにくいのが今の中学校の状況です。あるいは、土日にも、先生がご自分の家庭をギセイにしながらボランティアで指導をしている現状もあります。

だからこそ、先生は権利としての休日を十分に確保できて、かつベンチウォーマーの子どもたちも輝く場が、地域が担う総合型地域スポーツクラブだと思うのです。そんな視点と運営方法で、各地にできることを願っています。

地域の大人の「善意」が押しつけになった失敗例

秋津小学校のクラブ活動でのできごとです。

あるスポーツクラブに、そのスポーツが得意なお父さんがクラブ活動員として参画しはじめたころのこと。そのかたが子どもを指導したとき、子どもたちを壁に向かわせ、全体の授業時間の前半半分も「素振りだけ」をさせました。子どもたちは、いちようにつまらなそうな顔をします。それはそうですよね。素振りだけでは楽しくないからです。しかし、くだんのお父さんは一生懸命に教えています。その姿から、担当の女性の先生は、そのかたより若いこともあり、いいにくいとのことでした。

そこで、そのようすを担当の先生から聞いた当時の校長の宮崎稔さんが、直接そのかたにお話ししました。

「秋津のクラブ活動の意義は、もちろん技術の上達もありますが、もっとも大切なことは、大人のかたがたといっしょに活動をすることの楽しさや、大人がいくつになっても学びつづけようとする素晴らしさを感得してもらうことです」

「また、その子にとってこのクラブの種目をすることは、生涯にわたり今年だけのたった一年かもしれません。だからこそ、この一年間のクラブ活動が楽しくて思い出深いものになれば、将来その種目を再開するかもしれません。そんな楽しさも大切にしてほしいのです」

するとそのかたは、すぐに理解してこういいました。

「そりゃあ、悪いことをしたね。いやね、小さいときだからこそ、ヘンなクセをつけないように基礎をしっかり教えようと思ってね」と。

その後は、このお父さんもゆったりと指導するようになり、子どもたちも楽しくクラブ活動をつづけるようになりました。

このような、「善意」なのに、子どもにとっては「押しつけ」的になることがあります。こういった「開かれた学校」運営上にありがちなズレにたいする校長のマネージメントの役割について、宮崎さんが述べている文章がありますので、了解のうえで紹介します。

開かれた学校づくりに求められる校長のリーダーシップとは

教員だけの職場に地域の人も入り込むようになるとさまざまなことで軋轢《あつれき》も生じてくることがある。お世話になっているという思いが強すぎると負い目にさえなり、果ては大人のしがらみのために子どもを犠牲にするという事態さえ起こる。これでは学校開放は本末転倒である。といって担任からはなかなか切り出せないことも少なくない。

そういうときこそ「校長の出番」である。子どもを守るということ、教育に純粋であるということを基軸に毅然たる態度を示すことは、信頼される学校づくりへの基本である。決して一部の人（ときに有力者といわれる人）に左右されない校長の構えは、職員への信頼にもつながるリーダーシップの原則でもある。子ども主体の、子どもに責任がとれる教育を行なっていれば怖いものはない。また、だからこそ地域に信頼される学校たりえるのである。

（『食農教育』一九九九年秋号、農文協）

こんなふうに考える校長が、秋津では代々続いています。とくに宮崎さんは、以前に秋津小学校の教頭もつとめたことから、秋津への思い入れが深いかたです。校長在職中には私たち秋津の仲間らとともに「学校と地域の融合教育研究会」（融合研）という全国組織を創設し、その会長をしています。なお、秋津小校長後に習志野市立教育センターの所長をつとめ、二〇〇二年度からは市立大久保東小学校校長です。本書では、折りにふれて宮崎さんの文章を紹介させていただきます。

3 「地域との協働」で授業をひらく
——行事・クラブ活動・読書教育・総合学習……

恒例！　学校と地域のノリノリ大運動会

「早い、早い！　去年よりすご～く早いね～っ！」と、巨大なおにぎりをこれまた巨大なしゃもじでひっぱたきながら、ものすごい勢いでお母さんたちがリレーする姿を見ていた橋村さんが、私の横ではしゃぎながらいいました。

「そうだね！　おにぎりを転がりやすく改良して、大正解だね！」と、私は返しました。

一九九九年九月十八日土曜日におこなった、恒例の秋津小学校と地域の大運動会での、お母さん競技「ごはんですよ～！」のひとこまです。

じつは、秋津のお父さんやおじさんたちが手づくりして昨年まで使っていた競技道具を、今回は改良したのです。畳一帖ほどもある巨大なしゃもじの上に発泡スチロール製の巨大おにぎりを乗せてのリレーを、いっそうおもしろくするために、おにぎりをより丸く削って転がりやすくしました。しゃもじも、おにぎりに添わせて転がしやすいように考えて新調しました。

ところが、競技がはじまると、お母さんたちはやさしく転がすのではなく、エキサイトして、まさに「ひっぱたく！」ようにしながら、おにぎりをグングン飛ばしていくではありませんか！「おむすびコロリン」どころか、おにぎりがひざ上ほども飛びあがりながら、「ゴロ〜ン！　ゴロ〜ン！」と音を響かせ駆けぬけていきます。ハリキリ母さんたちの姿に、みんな大ウケです。夏休みにコミュニティルームに「出勤」しては準備してきた多くのお父さんや、私たち地域側の実行委員も「やってよかったね！」と、とてもうれしく感じる瞬間です。

さて、ここの運動会は、一九九六年度から地域と合同でおこなっています。地域競技にも、参加者も見学者も楽しめるユニークな四種目をあらたにくわえて、保護者以外のおじさん・おばさん、おじいちゃん・おばあちゃんも参画できる工夫をこらしています。

地域と合同で実施するようになったのは、宮崎さんが校長として戻ったからでした。その年、児童数は最盛期の三分の一近くの四百五十六人まで減少し、クラス数も全校で十四学級に減り、比例して教員数も減りつづけていました。先生からは「午前中に終えようと思えば可能なのよね」という声もでていましたし、テントや入退場門の設営など「力仕事もけっこう大変なのよね」とのこと。女性教員が七割強で、さらにはこの年度の秋津小教員の平均年齢は、全国平均の四十三歳を大きく超える四十五、六歳とのことでした。

「じゃあ、地域といっしょにやろうよ！」「そうすれば、保護者のＯＢやＯＧも堂々と参画できるし、力仕事はこれまで以上に地域もするからさあ」と話しあいが進み、こともなく合同運動会実施の運びとなりました。

運動会を地域と合同でおこなうことは、伝統ある地域の学校では珍しくはないでしょう。しかし、秋津のような新興のまちや団地群のなかの学校、少子化によって短時間で終わってしまう運動会の活性化をはかりたい学校では、合同運動会の実施は有意義です。工夫することで保護者はもちろん、子どもがすでに卒業して地域のおじさん・おばさんになった親、卒業生、子どものいない大人からお年よりまでが参画可能になるからです。

同時に、進め方しだいで、準備からあとかたづけ、競技道具係までを多くの人たちが担うようになり、本来の運動会の目的である「体育授業の発表の場」として、子どもたちは競技や演技に集中できることにもなります。なにより運動会そのものが活性化し、校区住民同士のふれあいの場にもなって、学校にも地域にも多くのメリットをもたらします。

先生がたからは、「地域のかたがたが手伝ってくださるのでとても助かる」「子どもたちも、多くの大人が見ているまえでできるので、ハリキリがいがあるみたい」「以前の勤務校とは大違いで、自分も個人として楽しむことができた」といった感想がでています。

地域の人たちの喜びは大きく、例年、運動会が終わるとかならず「温かいステキな運動会でしたね！」という感想の電話や、なかにはわざわざ伝えに学校を訪ねてくるお年よりもおられるほどです。

ある六年生は、感想文にこんなことを書きました。

「地域のレースもあって、とても楽しかったです。大人たちの一生けんめいやっているところを見ると、とても楽しかったです。だから、これからも地域の人たちといっしょに運動会をやってほしいと思います」

学校への地域の願いはただひとつ。すべての子どもの「いってきま〜す！」という元気な声が、毎朝まち中に鳴り響く学校であってほしいことです。そういう学校をつくるためには、おじさんもおばさんもなんでもします！　そして汗をかいたおじさんたちには、冷た〜いアレを！

子どもたちの踊るソーラン節を生演奏で

「岸さ〜ん！」と、民謡サークル「どんつく」代表の西尾富貴子さんに、自宅近くのJR新習志野駅で呼びとめられました。二〇〇一年五月の休日のことです。

「ソーラン節だけど、今年も生演奏でやるのよね？」「お三味線も増えたし、子どももいっしょに謡《うた》うのなら早めに準備をしたいと思っていたの」「岸さんに連絡しようと思っていた矢先に逢えるなんて、相思相愛なのかしら？」と、西尾さんは矢継ぎばやに私にいいます。

「うれしいね、さっそく担当の先生に連絡するよ！」と私は応えました。

秋津の大運動会の花形イベントは、なんといっても最高学年の六年生が勇壮に踊るソーラン節です。子どもたちは、歴代のお母さんが手づくりしたハッピをまといます。数年まえまで、男子は上半身裸で、たくましさを演出していました。

「へー、あの〇ちゃん、あんなに大きくなったんだねえ」「来年は中学生だってよ！」などと話しながら、「あー、どっこいしょ！　どっこいしょ！」と合いの手を入れつつ見守ります。

ところで、このソーラン節の音源は九九年度まではカセットテープでしたが、二〇〇〇年度にはじめて、「どんつく」のみなさんによる謡と太鼓と三味線の生演奏でおこなわれることになったのです。手ぬぐいを粋に頭に結わえた沼沢慶彦おじいちゃん（失礼！）の謡と、お母さんやおばあちゃん（またまた失礼！）の七さおの三味線、そして大太鼓の演奏が、子どもたちの踊りをいっそう引きたてました。「どんつく」のみなさんは、その楽しさから早くも二年目のソーラン節へと夢を大きくふくらませていたのです。

「どんつく」は一九九八年に秋津コミュニティに登録し、コミュニティルームで練習をしているサークルです。各地の民謡や三味線の稽古に余念がありません。

そんな稽古中のあるとき、私はピンとひらめき、西尾さんに声をかけました。

「ねえねえ、もし学校がオーケーしたら、運動会のソーラン節を生で演奏しない？」と。すると、「あらうれしい！　ぜひお願いしたいわ！」。さっそく私は学校とのコーディネートをして、二〇〇〇年度の運動会で実現しました。

終了後に子どもたちは「生の演奏でソーラン節を踊れてうれしい！」といい、二度にわたる合同練習や本番に気をくばった先生も、「生の迫力はさすがね！」「毎年続くといいですね！」とおっしゃいました。

もちろんその後も毎年、「どんつく」と子どもたちの力をあわせたソーラン節は続いていきます。「どんつく」のみなさんは地域主催の「秋津まつり」の星空コンサートや「秋津音楽亭」にも出演し、地域の人たちに日ごろのコミュニティルームでの稽古の成果を披露しています。

学校と地域の「授業の協働」としてのクラブ活動へ

秋津小学校の子どもと大人との伝統的な「授業の協働」に、クラブ活動があります。そうしたクラブ活動は、2章で紹介したとおり一九九二年度にはじまりました。

その年は、秋津小学校が習志野市の生涯学習研究校の指定を受けていた三年間の最終年度でした。教員は教師研究部会、ＰＴＡは保護者研究部会を組織して、生涯学習のコミュニティづくりに向けて、子どもと教師・保護者・地域の大人が一体になっての取り組みや研究をさまざまにおこないました。

たとえば、先生は生活科や、お母さんたちとの協働による読書教育などでの「子ども自身の学びを育むための基礎研究」をおこない、保護者研究部会は「昔あそび」や、先生を講師にしての「習志野史跡めぐり」などをおこないました。

そんな具体的な、先生と保護者や地域の人たちとの事業の協働によって、先生と地域の人たち双方にメリットのあるあり方を発見し、「ほかの授業にもとり入れたいね」という意向から、「クラブ活動への大人の起用」がはじまったのです。

なかでも圧巻だったのは、九二年九月五日に幕張メッセの大イベントホールで上演した「創作・秋津オペレッタ」でした。子どもから教職員、お年よりまで総勢四百三十二人が参加して、それはみごとなオペレッタを上演しました。舞台づくりはお父さんはじめ男性が担い、脚本は関知磨子さんが創作し、音楽総指揮は現在の秋津音楽亭のプロデュースをしている竹尾静お父さんが担いました。このオペレッタの上演で演じることにやみつきになった人たちは、翌年に地域劇団「蚊帳の海一座」を発足させました。関さんが座長です。

ちなみに研究指定校中の九二年一月には、研究指定解除後もいっそう生涯学習の校区づくりを推進したいという観点から、秋津コミュニティの前身の「秋津地域生涯学習連絡協議会」を、私が当時ＰＴＡ会長であったことから発案し、発足させました。

多様な大人といっしょに学ぶ子どもたち

その後、学校週五日制が順次、月一回、そして月二回実施となり、二〇〇二年度からは完全学校週五日制が実施されました。クラブ活動日は隔週の土曜日から月一回に減り、火曜日の午後に移行しました。そんな二〇〇二年度（平成十四年度）のクラブ活動のようすをのぞいてみましょう。

「おじちゃん、きょうはボクに勝たせてね！」と、「将棋・囲碁クラブ」の垣内稠徳さんにちゃっかり交渉している五年生の男の子。現在六十六歳の垣内さんは、九七年の定年退職直後から参画しているベテランです。また、この年からあらたに加わった定年退職後の男性お二人が、子どもと同じクラブ活動員として参画しています。

将棋・囲碁クラブを担当する加藤稔先生は、「教員の私がひとりで教えるのであれば、十九人の児童ひとりに一分ずつだけでも十九分間かかりますが、これだけ大人がいるので助かりますし、子どもたちも、『きょうは強い大人とやりたいなあ』『きょうは負けてくれそうなお父さんとしたいなあ』とか、その日の気分で対戦できるので、喜んでいます」と話します。

さて、クラブ活動には将棋・囲碁クラブのほかに、「手芸」「料理」「マンガ・絵本」（マンガを描いたり絵本を手づくりしたりする）など女性の参画がほとんどのクラブから、比較的男性が多く参画している「パソコン」や「科学（生物）」など学習系のクラブ、「卓球」「バスケットボール」「バドミントン」「サッカー」「テニス」などスポーツ系クラブまで、合計十一のクラブに四年生から六年生の児童百六十五人が参加しています。くわえて十四名の先生と、十五人ほどの地域の大人が、子どもとともに学びあい楽しんでいます。

クラブ活動は、学校週五日制によって、かつての土曜から火曜日午後への変更を余儀なくされたことで、サラリーマンのお父さんや週日に働く女性の参画がガタッと減りました（事実、二〇〇一年度は六十五人が参画していました）。しかし、それでもこのような形態のクラブ活動は、子ども・先生・地域の大人の三者三様にメリットがあります。そんな声を私の前著から引用させていただきます。

子どもたちからは、「一生懸命にやっている大人の姿を見るのは楽しい！」「ぼくは将棋が強くて、友だちでぼくに勝てる子はいません。でも、おじさんたちとできるのでうれしいです」などの声があります。先生からは、「かならずしもそのクラブに堪能ではありませんでしたが、地域のかたがいっしょに参加してくださっているのでとても心強いです」「以前の学校では、そのクラブに得意な先生が転任してしまうと、いくら子どもたちが続けたがっていても、あとの先生が続かないと廃部になりました。でも秋津では、地域のかたがいるので続けられています」などの声があります。なかでも地域のかたのよろこびはひとしおです。「いままで会社の同僚らとしかつきあいがありませんでしたが、クラブ活動をとおして知りあいもたくさんできて、老後も秋津で楽しくやっていけそうです」「家族での共通の話題もふえました」「転校してきて不安でしたが、親も参加してすぐに秋津になじめました」などの声が寄せられています。

また、宮崎稔さんは「大人も成長するクラブ活動」のエピソードを紹介しています。


年度末の三月には、年間通して活動をしてきたクラブ活動とか読み聞かせ活動の反省会を教師側と地域側が出席して行なう。その席上、素晴らしい変容をした地域の高齢の方がいた。

「クラブをやるには、もっとしっかりした道具を揃えて、やりやすくしてやることが上達につながる。あれでは子どもがかわいそうである」

と、意見を述べられた。すると学校側が答弁するまでもなく、地域の人から反論が続出したのである。

「私も、学校のクラブにかかわった当初はそう思った。しかし、不足した材料であっても工夫していくのが子どもなんだなあと今では思えるようになった」

「満足な道具ではないかもしれないが、出来上がった作品に対しては、どの子も大事にして家に持って帰るのです。私なら捨ててしまいそうなものでも」

「そういった子どもの心は、出来映えで判断することではないんだ、それが教育なんだと思えるようになった自分は、子どもを見る目が成長したんだなと感じます」というような意見だ。

くだんの人は、しばらく考えていたが、

「私は今年からクラブをいっしょにやるようになったので、皆さんのような考えにはなっていませんでした。まだ『子ども菌』に汚染されてないのかもしれません。早く汚染されるように来年もがんばりたいと思います」と語った。

このことは、子どもを通していくつになっても大人も成長するということの証しであろうし、子どもの持つ魔力といえるかもしれない。反省会に参加していたすべての教師にとっては、互いに高め合う地域の大人社会を目のあたりにして、一層地域との融合に信頼を寄せることになっただろうことは容易に想像できる。

（前掲の『食農教育』。以下、前掲誌とあるものは同じ）

「人材活用」の発想をやめた理由

クラブ活動へ大人の参画を呼びかけた当初は、「パソコンの得意なお父さん、料理の得意なお母さん、学校に来てクラブ活動に参加して、子どもたちを指導してください」といったような、「人材活用」の発想から呼びかけていました。

ところが、こんなことがありました。順調にいきはじめたと思っていた四年目ごろのこと、知りあいのお父さんの息子になにげなく話をしました。

「おい、おまえのオヤジ、なんのクラブやってる？」

当然、なにかに参加していると思ったのです。そしたら、その子がこういいました。

「ボクのお父さんは得意なものがないから、クラブ活動協力員にならないんだって」

私はビックリしました。よく考えたら、地域社会というのは七千三百人もが暮らすさまざまな生活者の総体です。当然、あることに得意なかたもいれば、得意なことなどないと思っているかたがいてもおかしくありません。また、仕事ではパソコンをやるが、教えることはプロではないと考えるかたもいるかもしれません。

そんな保護者や地域の生活者にたいして学校は、意図していなくても「有能な人だけ来てほしい」と思われかねない「人材活用」の発想で発信してしまっていたのです。たったひとりかもしれないけれど、自分のオヤジは無能だといった想いを、子どもや地域社会に抱かせるような学校からの発信はおかしいじゃないかと、私は感じました。

そこで秋津は二つの変更点を発見し、実施しました。

一つめは、名称を変えることでした。

それまで、子どもたちは「クラブ活動員」、親や大人は「クラブ活動協力員」と呼んでいました。その「協力員」をやめて、子どもと同じクラブ活動員に統一しました。なぜなら、大人も学んでいるのだから、一方的な協力者や、ほどこす意味でのボランティアではない、だから子どもと同じクラブ活動員でいいじゃないか、と。

二つめに、呼びかけ方法を一八〇度変えました。

「ご自分が学びたいかた、子どもといっしょに活動をしたいかたなら、どなたでもお越しください」と。同時に、クラブ活動の日時は学校の都合で決めていることから、「ご都合がつかないときはいつでもお休みくださいと添えるようになりました。

すると、「ダイエットをしたいので○スポーツクラブに参加してもいいかしら」「子どもといっしょに陶芸を学びたいんだけど」「料理がヘタなのでうまくなりたい」……と、自分の学び＝生涯学習として気軽な気持ちで参画する大人が、目に見えて増えてきました。

こうしたことをキッカケに、学校側にメリットを生むが地域の生活者には差別感・疎外感をもちこんでしまう、といったことのないような、子どもと大人がともに学びあう「双方にメリットがある協働のあり方」につながっていきました。その基本の発見がここにありました。これが、「人材活用」や「人材バンク」づくりを、よほど注意して使わないかぎり、秋津の私たちはおすすめしない理由です。

こんな苦い経験をとおしてできた、学校と保護者や地域の人とのかかわりあい方の基本のキーワードが、「できる人が、できるときに、無理なく、楽しく！」です。逆にいえば、内容的にも時間的にも「できない人が、無理したら、楽しくない！」ですからね。

先生のためのパソコン教室を学校で！　講師はお父さんたち

「あら、教えてもらったとおりに操作したらうまくいった！」「こんどの学級通信にさっそく使ってみたいわ！」

学校週五日制がまだ隔週土曜実施のころ、開校土曜日午後のひととき、秋津小学校では「先生のためのパソコン教室」が数年つづけて開かれていました。学ぶ人は秋津小学校や秋津幼稚園の先生です。みな女性です。一方、「先生に教える先生」は、保護者のお父さんや地域のおじさんです。こちらはみんな男性です。

これらの男性は、子どもたちの授業としての「パソコンクラブ」のクラブ活動員仲間です。そこで先生がたは、「あら、私たちよりはるかにパソコン技術があるわ！」と気づきました。それはそうです。だって、彼らは「パソコン操作のプロ」なんですから。しかも、自分も楽しんでいるんだから、謝礼はいっさいない「無償」です。

秋津の学校と地域との協働の原則のひとつは、無償であることです。ただし、クラブ活動などの通年授業では、年度末に子どもたちによる手書きの感謝状がプレゼントされます。「この感謝状がうれしくってさあ、もう五枚もあるよ！」と語るおじさんもいます。

さて、そんなお父さんたちの存在に気づいた先生たちが、「私たちにも教えてくれませんか？」と申し入れて、「先生のためのパソコン教室」を築きあげました。先生にとっては、職業上の技術をみずから向上させることであるとともに、ひとりの大人の生涯学習であるとも思います。同時にお父さんたちも、自分の職業技術を地域に還元する喜びをえられる、生涯学習の主体者です。そんな新しい関係性が、パソコンクラブから生まれています。

このお父さんたちは、以前に余裕教室一室を「ごろごろとしょしつ」（後述）に改造したさい、本の検索用パソコンの使い方を指導するサークルとして発足した「子どもの本サークル」（のちに「秋津パソコン倶楽部」と改称）の仲間でもあります。

その秋津パソコン倶楽部の会員のひとりに、「先生のためのパソコン教室」を卒業した秋津幼稚園の先生の力久富美さんがいます。力久さんは、ときどきメールで昼の秋津っ子のようすを発信してくれます。そのひとつを紹介します。

二〇〇一年一月二十一日。題名は「ビオトープの氷に大喜びの子ども達」です。

岸さん、こんにちゎ！

本格的な冬の到来を感じさせるような冷え込みが続いています。ついに一月二十日（土）には雪が降りましたが、子ども達は元気いっぱいです。十五日（月）からビオトープに氷が張るようになったので、「ビオトープの氷、今朝はどうかな？」と毎朝、ビオトープに氷を見に行くのが子ども達の日課になっています。ビオトープに初めて氷を見つけた十五日の朝の子ども達の感激と、大喜びした姿を写真でお届けします。

私は感激し、秋津のパソコン倶楽部の仲間に転送しました。それは、東京で働くお父さんたち、仕事をもつお母さんたちなど、日中に秋津にいない人たちにとって、昼間の秋津の子どもたちのようすがわかり、とてもうれしいものでした。

力久さんは、現在はべつの市立幼稚園の先生ですが、秋津パソコン倶楽部の仲間としておつきあいをしています。一生交際が続く「秋津大好き仲間」と、私は思っています。

読み聞かせはお母さんたちが――「学校おはなし会」の授業

「……つぎにはライオンさんが登場しました。そして……」と、ここまで読み聞かせがすすむと、子どもたちは「うひゃ～っ！　ライオンまでのると、いちばん下のネズミさんやカメさんがつぶれちゃうよ～っ！」と叫びました。もうすっかり絵本の世界に入りこんでいます。

地域のおばさん（失礼！）の中島桂子さんが、絵本『お月さまってどんなあじ？』（ミヒャエル・グレイニェク＝絵・文、いずみちほこ＝訳、セーラー出版）の読み聞かせをしている最中のことです。

二〇〇一年十月三日水曜日、二時間目。秋津小学校二年一組の国語の授業です。二階の余裕教室を畳部屋に改造したふれあいルームに、担任の氏家久美子先生が子どもたち二十五人を引率してやってきました。

笑顔で迎えるのは、お母さんや地域のおばさんたち（またまた失礼！）五人、秋津地区の地域文庫「竹の子おはなし会」のメンバーです。

おばさんたちは冒頭の中島さんに続き、つぎつぎに子どもたちを夢の世界に誘いこみます。森志津江さんは、日本の昔話「三枚のお礼」（『おはなしろうそく⑤』東京子ども図書館ほかに所収）を素ばなしで聞かせます。一戸恵美さんは、秋にちなんだ絵本や児童書をブックトークで紹介します。吉田和子さんは、リトアニア民話の紙芝居『パンのかけらとちいさなあくま』（内田莉莎子＝再話、堀内誠一＝画、福音館書店）を演じます。

こんな学校おはなし会は、秋津の「伝統的」な学校と地域のかたがたとの協働による授業です。まちの誕生と同時に開校した秋津小学校で、開校三年目からずっと続いています。

秋津小学校は、開校当初から読書教育がさかんです。この「学校おはなし会」や「朝の読書」、お父さんたちによる「ごろごろとしょしつ」づくりや低学年用図書のパソコン検索ソフトの開発ほか、山ほどの学校と地域との協働による読書教育の充実事例があります。とくに学校おはなし会は、全クラス毎学期一回×年間三回おこなうので、六年間に十八回、子どもたちは体験することになります。

あるかたは、学校おはなし会で子どもたちと接することの価値を、こう話しています。

「学校だと義務教育だから、どうしても、本が好きじゃない子や、好きになるキッカケがなかった子もいるじゃない。でも、読み聞かせが終わってその本の集団貸しだしをすると、そんな子も奪うように取りにくる。うれしいですね」「返却時に『おばちゃん、この本、おもしろかったよ。また紹介してね！』といわれると、もっともっとじょうずになって本好きの秋津っ子をたくさん育てたい！　と思って、ふだんの練習にも意欲がでるのよね」

学校の授業で読み聞かせをおこなうことの意義は、公共図書館や公民館での読み聞かせとはまた少し違います。本好きな子どもや、わが子を本好きにさせたいと願う親の子だけがやってくるわけではないからです。

学校おはなし会のかたたちは、いわば社会教育の実践者だと思います。学校での授業は、学んだ成果の発表舞台でもあると思うからです。同時に学校にとっては、正規の国語の授業です。「教師ひとりでは大変だけど、文庫のかたがたが本選びから読み聞かせまでをおこなってくれるので助かるわ！」と先生からも好評です。

図書室づくりはお父さんたちが——「ごろごろとしょしつ」づくり

さて、児童数の減少にともなってあいた二階の余裕教室を、寝ころがりながらでも気楽に本が読める「ごろごろとしょしつ」にお父さんたちが手づくりで改造をしたのは、一九九四年度でした。

本来の学校図書館は三階にあります。でも、二階に教室がある一・二年生は自分からはなかなか行かないことや、図書主任の先生にやる気があっても担任兼務の校務分掌の現状では、忙しさから図書館に引率しての指導ができにくい現実がありました。そこで、低学年対象の絵本類を中心に図書を移動させて、同年の春に「ごろごろとしょしつ」を開室しました。先生がたの「子どもたちを本好きに育てたい」「よりよい読書教育をしたい」という想いが、保護者を感動させ、夢のある図書室づくりへと動かす原動力になりました。

こんなふうに改造したのが、「ごろごろとしょしつ」です。
▼絵本の表紙が見えて「この本読んで！」と誘いかけてくるような「平置き書架」がある。
▼読み聞かせやクラス発表会などにも使える「小舞台」がある。
▼小舞台での演技が見やすいように、二段の段差をつけた「観客席」がある。
▼自由な姿勢で本が読めるように、床全面にカーペットが敷いてある。
▼スライドなどの鑑賞がしやすいように、暗幕として使える手ぬいのカーテンをつけてある。
▼低学年でもパソコンで本が自由に検索できるように、独自のソフトを導入している。
▼学校・保護者・地域の教育力を高めていけるような使い方をしている。
今では「ごろとしょ」の愛称で親しまれる、もうひとつの学校図書館としてすっかり定着しました。寝ころがって読む子、パソコンで読みたい本を探す子、高学年が低学年に読み聞かせをする姿などが日常的に見られ、活気に満ちています。

市民の要望で学校図書館に「人」がついた！

秋津小学校は一九九六年度から国語の授業として「朝の読書タイム」をはじめました。十五分×週三回で一時間授業の位置づけです。

その読書タイムの導入のさい、「子どもたちが本箱ごと移動できて、オープン・スペースなどどこでも本が取りだせるような本箱がほしい！」という先生がたの願いで、お父さんたちはキャスター付きの移動本箱を二個つくりました。それによって、子どもの好みの場所で朝の読書が楽しめるようになりました。

またあるとき、ひとりのお母さんが、「私はパートの合間の時間があるときに、本の修理をします」と申しでて、セロテープとハサミ持参で学校図書館に通いはじめました。お母さんがひとりで作業をしていると、「ボクも修理をした〜い！」「ワタシも！」とつぎつぎに子どもたちがやってきて、にぎやかに作業が進むようになりました。この事実は、逆からみれば「人がいない学校図書館には子どもはよりつかない」ことを、如実にあらわしていました。

こんな経緯もあり、習志野市の「図書館について勉強する会」から、先生の希望もとり入れて市に要望書をだし、学校図書館に「人」を設置してもらうことになりました（「図書館について勉強する会」は習志野市民で発足し、私が会長をつとめています）。

市は「読書指導員」の名称で一九九六年度から、一年ごとに更新する市の職員として司書教諭有資格者の採用をはじめ、現在は七つの中学校区に各一人を配置しています。一人の読書指導員が小中学校三、四校を受けもち巡回して、図書の整理や読書指導をおこなっています。学校現場の先生の評判はとてもよいです。

学校図書館法が九七年に改正になり、二〇〇三年度からは、秋津小学校をふくむ市内の十二学級以上の小中学校に司書教諭が設置されました。しかし、「校長発令での設置」のために司書教諭の仕事時間数や内容が各校まちまちであったり、学校図書館に常駐できる専任ではなく担任をしながらの校務分掌なので忙しく、どうしても学校図書館の業務に専念できないのが現状です。

ですから、できるだけ早い時期に、県や市の教育委員会で学校図書館業務に専念しやすい規定をつくり、「教育委員会発令での司書教諭」設置としてほしいと思います。もちろん市職員の読書指導員との仕事の連携・融合をはかっていただき、いっそうの読書環境の整備と充実を推進してもらいたいと願っています。また、文庫活動のかたがたや、本の修理をしてくださるお母さんがたとの協働も、よりいっそう進むことを願っています。

「総合学習」だって、協働の授業で屁のカッパ！

私へのお礼のことばが終わるやいなや、三船由紀子先生の「……それでは岸のおじちゃんと、握手をしましょう！」の声で、二年生五十六人の子どもたちが、いっせいに私をめがけて押しよせてきました。小さなやわらかい、いくつもの手から伝わる握手の感触は、私の心をジンジンと温かく包んでいきました。

子どもたちのなかには、家族いっしょにキャンプにいった立場凛ちゃんもいます。私の大好きな、はにかみやの女の子の凛ちゃんも、私の手をしっかりと握り、少してれながらの目線でお礼をいってくれました。私は天国にでも昇ったような心地よさをたっぷりと味わいました。そして、「この子たちがいつまでも元気な秋津っ子でいてくれるように、おじさんはなんでもするからね！」との想いを、また深くしました。

この日、二〇〇〇年三月二十二日水曜日。東京の会社への出勤まえに秋津小学校に私が立ちよったのは、子どもたちが稼いだお金を翌日に隣町のボランティア団体へ寄付するからです。その仲介を私がしたことから、子どもたちに事前説明をしにきました。

二年生は、生活科の授業で育てたマリーゴールドの花の種や、オリヅルランなどの苗を大人たちに売っています。コミュニティルームの入り口に無人販売所を設けたり、秋津まつりの「秋津っ子バザー」に学年ぐるみで参加したりして、一年をとおして稼いだお金を今回、寄付することに、子どもたちが話しあって決めました。

花を育て、種や苗を売る実践は、授業として九六年度から二年生が毎年おこなっています。

これまで、稼いだお金の使いみちは、秋の収穫祭の経費などにあてていました。今回の寄付という、子どもたちからのうれしい申し出は、担任の加藤稔先生から聞きました。「どこか寄付先を探してくれないだろうか」「できればお顔あわせができて、今後にもつながるとよいのだけれど……」とのことでした。

私はさっそく隣町にお住まいの「世界の子どもと手をつなぐ会」代表の坂田喜子さんを紹介し、子どもから坂田さんへの寄付金の贈呈式が実現しました。

さて、寄付先を「世界の子どもと手をつなぐ会」に決めたのは、これを縁に二〇〇二年度から完全実施される「総合的な学習の時間」の国際理解学習のゲストとして、坂田さんやお仲間を招いてもらったらよいだろうな、と私は考えたからです。そのことを事前に坂田さんに尋ねると、とても喜んでくれました。そして、総合学習本格実施の一年まえの二〇〇一年度には、進級したこの子らの授業で実現しました。

このように秋津小学校では地域のかたがたとの授業の協働を日常的におこなっていたことから、「総合的な学習の時間」への移行も、屁のカッパの心境でした。くわしい事例は4章末のコラム【図説・学社融合と学校機能】をご覧ください。

COLUMN—2

人材バンクよりプログラムバンクを

事例・合同運動会実現への道

秋津では、「人材バンク」づくりは生涯学習の研究指定校時代に一回おこないましたが、以後はしていません。そのかわりに、授業の協働のための「プログラムバンク」づくりをしています。学校と地域の合同運動会を例に、おもに学校側がプログラムバンクづくりをするさいの方法を紹介します。

まず、なぜ地域との合同運動会にするのかということについて、先生のなかでの合意づくりをします。そのうえでGOとなったら、地域側との事前事後の打ちあわせの予定をたてます。その日時については、とくに担当の先生の負担にならない配慮が大切です。

以下、流れと留意点を箇条書きで紹介します。

合同運動会実施までの手順

▼PTA組織をとおして保護者の合意をえます。やろうとしていることの必要性と根拠をしっかりと伝えます。たとえば、開かれた学校づくり、完全学校週五日制実施下の地域ぐるみでの子育て態勢の充実、といった視点などです。

▼地域側実行委員会づくりをします。

PTA役員、役員OBやOG、社会体育指導員、町会役員などそのつど変化があってもよいと思います。人数はそれほど必要ありません。要は、キーマンになる何人かの人を把握することです。PTAの役員に尋ねればわかると思います。逆に、学校側だけで決めて、名誉職的な代表者だけに要請をした場合に、スムーズにいかないケースが起こりがちです。

▼話しあいで約束したこと、たとえば「○について返事をする日」などはかならず守ります。

参加者募集チラシの配布が遅れる原因になったりする場合があるからです。地域側実行委員会の人たちの後方には大勢の住民がいることに留意が必要です。

▼地域への参加者募集チラシには、学校長と地域側実行委員長の名前を併記することをおすすめします。

どちらか一方よりも、併記のほうが地域にとっては親しみやすく感じられ、参画への意欲が増します。

▼地域参画の種目をくわえる場合、子どもとのかかわりをもてやすい競技を優先します。

▼チラシを校区へ全戸配布することや、子どもの手づくりポスターを各所へ張ることをおすすめします。地域に情報過疎者をつくらないことと情報公開の観点からです。

▼参加者募集の内容は「なにに何人」と具体的に示します。

「○種目の男性成人○人、女性成人○人」のほか、「○種目の『ピストル係（スタートの）』に○人」とか「ゴールのテープ係に○人」なども示すことで、特技がなくても参画しやすいプログラムづくりを心がけます。

▼同時に、児童・生徒の保護者への参加募集チラシも、地域への配布チラシを一部修正して配布します。

意欲も行動力も、子どもを通わせている保護者が大人の主力となりますし、次年度へつなぐ意味からもかならずおこないます。

▼子どもたちによる手書きの招待状づくりをします。

招待状づくりは、生活科や図工、総合的な学習などの授業にします。招待状は高齢者や、地域によっては近隣の施設の障害者のかたなどへお届けすればさらによいと思います。交流が生まれることで、生活科や特別活動、総合的な学習への発展も可能だからです。

事業終了後には「評価」も双方で

▼運動会終了後に「事業の評価」を、学校と地域の実行委員双方でおこないます。

いわゆる反省会ですが、反省会というと、反省材料のみをもちよるような内向きの意識が働きやすいので、できれば「慰労会」とか「懇親会」のような明るく前向きな名称がよいと思います。要は、意見をきちんとだしあい、よい点や改良すべき点について双方で評価しあい、かならず書面で残して次年度に引き継ぐことです。

その積みかさねは、各地で導入がはじまった「学校評議員」制度や、外部者による「学校評価」の方法や評価項目の設定などへも好影響をおよぼすことにもなるからです。また、先生は異動しても、地域のかたは過去の失敗などを覚えています。このことは、同じような間違いをくり返さないシステムづくりになり、回を重ねるごとに地域側も充実し、先生の負担が年々減っていきます。

▼反省会での「事業の評価」やよせられたお礼・感想などは、「学校だより」に記して地域配布するとよいです。説明責任をはたすとともに事業のけじめになり、同時に、参加できなかったかたへの気くばりにもなります。

こうしたプログラムをバンクしつづけることを「プログラムバンク」といい、「人材バンク」はあえておこなわないようにしています。

「プログラムバンク」の視点から学校行事を見直すと、あんがい、特別な技術や得意分野をもたないかたでも参画できる分野や領域はあるものです。その気づきとともに、さまざまなかたが参画しやすいプログラムをバンクしつづけていくことが、学校参画への豊富で具体的な「入り口」づくりとなっていきます。「地域に開かれた学校」づくりにもつながっていくものと思います。

4 学校と地域、どっちも得する「学社融合」

――対立を超える"Win&Win"の発想で

PTA、Tがなければ「パー」(PA)なんだ!

秋津小ではPTAを「親と教師の会」とはいわずに、「保護者と教職員の会」といいます。親以外の保護者もいるかもしれませんし、教員以外の給食や事務職員も会員仲間だからです。

私は長女が小学校二年生になった年から、PTAの役員を、会長もふくめて七年間しました。保護者と教職員とのかかわりをもつようになったのですが、どうもP(保護者)とT(教師と職員)双方にメリットがある活動になっている感じがしませんでした。

当時はまだ、お父さんの役員は少なく、お父さんが参加できる行事も少ない時代でした。お母さんたちは学校にたいして遠慮があったり、あるいは学校の下請け機関のようにいやいやPTAの活動をして、役員もいやいやなっている、そんな感じでした。

いやいや会費を払って、いやいややっている会というのは、ビジネス社会では「怪しい団体」と思われます。そんな怪しい団体を維持している大人がいて、いやいややってる親の姿をみている子どもに「自主性を大切にしなさい」というのは、どうもおかしいと感じました。そもそもPTAは法律に定めがない、社会教育の任意団体なんですし。

やはりＰＴＡは、しかたなくやる人の集まりではなくて、保護者として教職員として、自分を豊かにするための会じゃなきゃいけない、同時に「やるなら楽しくやろう！」と私は思いました。また、そうした会にするためには、なんのために会費を払うのかということを、きちんと一人ひとりが問う必要があると思いました。

よく、ＰＴＡの役員やなんらかの係をしない保護者を非難したりすることがありますが、今では私は、「会費を払ってくれて参加しないいんだったら、こんなありがたい会員はいないよ」「できれば会費を十倍ぐらい払っていただいて参加しない会員が、いちばんいい会員だね！」と冗談まじりにいっています。

あるいは、土曜や日曜など先生の勤務時間外にＰＴＡ主催のバザーなどをやることがありますが、そんなとき、悪気はなくても、お母さんたちはこういいがちでした。「○先生は参加したけど、△先生は参加しない」。先生が聞いたらいい気持ちがしません。同じＰＴＡ会員として会費を払っていながら、一方だけ批判すると、先生たちは引っこんでいきます。

その当時、密かに流行ったことばがありました。

「ＰＴＡ、Ｔがなければパー（ＰＡ）なんだ！」

私は、これではいけない、Ｔにもメリットがなければいけない、会費を払うだけの意味がＰＴＡになければいけない、と思いました。そのためには、先生の本来の願いである授業が充実し、かかわる保護者や地域社会にも学び（＝生涯学習）というメリットを生みだす仕組みに、ＰＴＡを変えなければいけないと思いました。

つまり、ＰもＴもたがいの資質を向上しあう組織が本来のＰＴＡなんだということです。ですから、お父さんもふくめた保護者ができるだけ多く学校に来られるキッカケ＝多種多様な

「入り口」をつくり、先生の大変さを理解してもらうこと、同時に先生も、こまったことや充実したい授業のことなどを率直に保護者に話せること、そんな観点で、規約を改正して具体的にＰＴＡの改革をしてきました。

このことは、「学校教育の現場を担う生身の教職員と、地域社会の生活者である保護者双方のメリットを生みだす方法」という視点をもたらし、「授業の協働」へとつながる大きな動機になりました（ＰＴＡ改革については前著にくわしいです）。

もう教師だけでは担えない、その現状

この「授業の協働」は、いわゆる「学校ボランティア」や「学校支援」とは違います。ましてや先に指摘した「人材活用」の考え方とは、ハッキリと決別するものだと考えます。学校（教職員）にも地域社会にも双方にメリットがあるように、「はじめからそのように発想して仕組む」ところが、もっとも大きな違いです。

どこの学校でも、先生の願いである学校教育が充実し、同時に、生涯学習コミュニティづくりに寄与する学校になること、その可能性と秋津の実践からえた原則を具体的にあきらかにしたいと思います。そのことは、とりもなおさず「それこそが、苦境に立たされた先生を救う方法でもある！」と、マジに思っていることの表明でもあります。

じつは、このことを教職員や保護者、行政関係者をふくむだれにでもお伝えすることこそが、本書を執筆する私の最大の願いでもあるのです。理屈っぽい箇所もあると思いますが、そんなところは読み飛ばしていただいてもかまいません。でも、「きっと役立つところもあると思うよ！」と、私は勝手に確信しています（「だからアナタはしつこいのよ！」と、またまたワイ

フの声)。おつきあいをいただきたくお願いします。

私の生活の糧は、広告・デザイン業のビジネスでえています。ビジネス界では、管理職はとくにマネージメント能力が問われます。つねに自分や自分の会社と取引先、その業界全体や、ときには地球規模の動向も視野に入れて、将来の自分や社のあり方、自分や社員の生き方を点検しながら日々の仕事をする必要に迫られます。

そんな視点で学校教育、とくに義務教育業界の現状を眺めると、「教員だけでこれからの学校教育を担うことは、もはや不可能ではないか」と感じています。誤解をおそれずに率直に述べます(ビジネスマンって、数字にけっこう細かいんだよね、と)。

▼全国の小中学校の教員数は約六十三万人で、総人口約一億二千七百万人のタッタの〇・五パーセント。二百人に一人が日本全国の小中学校の教員という現実です(文部科学省二〇〇二年度調べ。以下同じ)。

▼その平均年齢が四十三歳という、高齢化の義務教育教員の現状です。

▼小学校にかぎれば、女性教員は七割強です。しかも、残りの三割の男性のうち、担任をもたない校長などの幹部教員が四割を占めています。

高齢化+女性多数+少ない教員数という現実なのに、百九十九人側の一般人も、二百分の一の教員も、だれでもが「個性を大切にした教育をしましょう!」といい、たとえば「サッカーが好きな子どもには、サッカークラブを続けさせましょう!」といい続けていると思います。

小学校はとくに担任が全教科の授業を担うわけですから、たとえば一時間のサッカー指導を高学年の元気な男の子といっしょに駆けずりまわってできる教員が、はたしてどれだけいるのでしょうか。

また、「総合的な学習の時間」で取り組むよう文部科学省が例示する環境・国際理解・福祉・コンピュータの四分野を、教科書がなくて教員だけで、はたして自信をもって取り組めるのでしょうか。

今の学校教育目標の「生きる力」を育成するためには、まず、生きる基本の食うこと＝「食糧」が確保されつづけなければ、生きのびることすらできません。食糧自給率がタッタの四〇パーセントのわが国（農林水産省二〇〇二年・消費エネルギー換算）は、輸入しつづけなければ膨大な数の人が餓死する現実です。「どこから輸入をさせてもらっているの？」「その国や地域の文化はどうなっているの？」「輸入させてもらって、そこの環境が破壊されていいの？」……国際理解や環境学習の必然性が、こうしたところにこそあると思うのです。

また、日本の六十五歳以上の高齢者率は、一八・七パーセント（二〇〇二年・厚生労働省）になりました。人類史上はじめて二〇パーセントに突入するのもまもなくです。世界のどこにも見本がなく、日本はどうするのかを世界が見ています。こうしたところに福祉ボランティア学習の必然があると思うのです。

だれもがパソコンをあつかい、瞬時に世界中から情報を受信し、また発信できる時代に突入しました。情報過疎者をつくらないことも大切だと思います。ここにメディア・リテラシー学習の必然性を思います。

それらをしっかりと学んで、「みずから考え、心やさしく、世界に飛びだしても信頼される日本人の育成」を、国や文部科学省は、すべての納税者の意思を代弁すべく、学校教育とくに義務教育諸学校に期待し、託しているはずだ！　と私はとらえています。

「学社融合」！　学校も地域も新しい発想で歩みよろう

それらの課題に挑むには、たったの〇・五パーセントの教員任せではできにくいことを、九九・五パーセントの側に立つ保護者や地域の人たちは、気づきはじめています。その「気づき」を「築き」に具体化することが、今、求められていると思います。

具体化のためには、先生がたはなにに苦労しているのかが、九九・五パーセントの側に伝わらなくてはなりません。「授業の充実を望みながらも先生自身がこまっていること」を率直に公表してもらい、ただし同時に、保護者や地域に一方的に「学校の役に立て」という姿勢ではなく、と思うのです。

保護者や地域の人びとは、これまでのようになんでもかんでも学校や先生に押しつける姿勢を改める必要があります。たとえば、休日や夜中まで自校の中学生を追いかけまわすことを、タッタの二百分の一の先生に求めてはいけないと思うのです。それこそ子どもを小さなときから見つづけている、校区のおじさん・おばさんの「仕事」であり、すでに行政施策として整えられている校区の民生委員・児童委員・母子福祉推進委員や保護司の仕事であるはずです。

同時に、保護者や地域の人たちは学校に「奉仕」するのではなく、自分の学びや楽しみとして学校とかかわる方法を考え、創りあげなければならないと思います。

私たちは、学校・先生と保護者や地域の人びと双方にメリットを生みだす新しい関係性のあり方として、学校と地域社会の協働のかたち、「学社融合」の考え方と方法をみずからの実践から発見し、育んできました。

その「学社融合」とはなにかを私なりに整理すると、以下のようなことがいえると思います。

【学社融合】

「学校」と「地域社会」双方にメリットを生みだす、生涯学習とまちづくりの理論と実践方法。

ここでは、学校教育・授業と施設の二つの学校機能の開放を促進することは、学校教育・授業および地域社会の社会教育が充実するからこそであると考える立場をとる。

「学」「社」双方が「融合」しながら、地域の社会人とのさまざまなふれあいによる学校教育・授業の充実と、同時に、参画する社会人の社会教育や、地域社会のまちづくりをも充実させることを意図的に仕組み、ときにはあらたな価値をも生みだす実践方法。

Win&Win! 融合の発想で「新しい価値C」も生む

ビジネス社会には、“Win&Win”という発想法があります。取引する双方が「勝つ」ように仕掛ける発想法です。一人勝ちは×（ペケ）です。そうでないと商《あきな》いは長く続きません。先のBSE（狂牛病）問題でペケになった○食品や△ハムの牛肉偽装事件、原子力発電の不正を隠しつづけていた東京電力や、最近では銘柄を偽ってお米を販売していた○農協や△事業者などがその好例です。自分だけがよければよい、一人勝ちすればよいという傲慢な発想が、組織内部に充満していたからだと思います。

“Win&Win”ということばは、秋津仲間の佐竹正実さんから教えてもらいました。

あるとき佐竹さんに、「かかわりあう双方にメリットがあるように、はじめから事業やイベントを仕掛ける『融合の発想』」について、私は話をしていました。すると彼が、「岸さん、それはビジネス社会でいう“Win&Win”だね」と教えてくれました。

私のAという会社も取引先のBという会社もそれなりの利益をえる、取引している会社双方がそれなりの利益をえるようなおつきあいを意識していかないと長続きはしない、という考え方です。

その“Win&Win”を転用し、学校づくり・人育て・まちづくりへいたる発想法として秋津で培い活かしてきたのが、私が勝手に考えた「融合の発想」です。以下のように定義してみました。


【融合の発想】

かかわりあう二人以上や機関同士が、主体者A・B双方のめざす目的を同時にはたし、ときにはCという新しい価値をも生むように、はじめから意図して、あることを仕組む発想法。


この対極にある典型が、「有能な人だけに来てほしい」との意図を秘めた「人材活用」の発想です。学校や教育行政には、まだまだそうした感覚が強いようです。

もっとも、明治五年（一八七二年）に発足させた「お上が運営する学校教育制度」を百三十一年も持続させてきたのですから、納税者・有権者の私たちにもその責任はあります。でも、もうそろそろ、みんながまったくべつの発想で、学校と地域社会の関係をとらえなおしてみてはどうでしょうか。

秋津では、「融合の発想」で、学校教育の充実と大人の社会教育を同時にはたす「学社融合」を推進してきました。この延長線上に、「住む人も働く人も、だれもがいつでも学べる生涯学習のコミュニティづくり」へとつながってきています（くわしくは8章で）。

そして、それらの経験の積みかさねから、「先生にもメリットがある学校開放のあり方ってあるんだ！」と実感してもらうことができ、学校と教育委員会の理解のもとに、さまざまな施設の地域開放につながっていきました。開放された学校施設は、住民による「自主・自律・自己管理」の理念で運営しています（くわしくは5章で）。

経験の積みかさねによって住民自治の精神が培われたことは、「A・B双方のめざす目的を同時にはたし、ときにはCという新しい価値をも生むように、はじめから意図してあることを仕組む発想法」の、「Cという新しい価値」といえます。このとき、学校施設の開放をすすめた先生や教育委員会の「主体者A」と、学校施設の開放を求めた私たち秋津住民の「主体者B」との「双方の目的を同時にはたし」ていなければならないことは、いうまでもありません。

教職員や行政を突きあげるのではなく、相手のメリットをも生みだすように考え仕組む発想が、学校づくり・まちづくりには大切であると思います。

学校の「顔」を地域に見せれば、関係は変わる

いま、「学社融合」「融合の発想」を私なりに整理しましたが、思えばここまで来ることができたおおもとは、一九九一年度におこなったPTA主催の飼育小屋づくりでの発見からでした。それはとりもなおさず、PTAをパー（PA）にするのではなく、「かかわりあうPとT双方にメリットを生みだす方法があるんだ！」という事実の発見です。

宮崎さんは、「開かれた学校づくりに求められる校長のリーダーシップとは」の文章のなかで、以下の重要な指摘をしています。

私が校長をしていた習志野市立秋津小学校では、思いきって学校を大きく開放した。すると学校内部まで保護者や地域の人に見えるようになった。そうすると当初心配していた「学校への苦

情」が減り、逆に「学校はずいぶん努力している。それなのに教育に問題があるのは家庭や保護者がしっかりしていないからだ。学校にもっと協力していこう」といった前向きな反応に変わってきた。学校も完璧ではないことは大人ならわかっている。そうではあっても子どものために純粋に努力をしているという様子がわかれば協力的になるのは当然のことといえよう。

学校の顔が地域に見え、学校本来の「子どもを大切にする教育」をしていることが具体的姿として伝わるとともに、教育の大変さをも共有するようになると、同一歩調でさまざまなことが実践されるようになってくる。その一つひとつが信頼関係構築への道といえる。（前掲誌）

学社融合と学社連携は、似て非なるもの

ところで、「学社融合」は、一九九六年の生涯学習審議会の答申につぎのように示されています。

「学社融合は、学校教育と社会教育がそれぞれの役割分担を前提とした上で、そこから一歩進んで、学習の場や活動など両者の要素を部分的に重ね合わせながら、一体となって子供たちの教育に取り組んでいこうという考え方であり、学社連携の最も進んだ形態と見ることもできる」（傍線は筆者による）

この説明は、『現代用語の基礎知識』（自由国民社）に引用されていることからもわかるように、近ごろでは新しい教育法として知られるようになりました。

答申では学社融合は、「学社連携の最も進んだ形態」とありますが、では、その「学社連携」とはなんでしょうか。

じつは、「学社融合」の考え方が生まれるまえまでは、「学社連携」ということばが、おもに

社会教育側で使われていました。

「学社融合」の学校教育と社会教育の人的・物的な「資産の共有や協働」のあり方にたいして、「学社連携」は、学校教育と社会教育との人的・物的な「資産の交換」のあり方であると、最近では整理されています。人的・物的な「資産の交換」ですから、交換バランスが崩れると長続きしないなどのデメリットが生じることは、「学社融合」の「共有や協働」のあり方との違いとして認識されるようになってきました。筑波大学名誉教授の山本恒夫さんらが、このあたりを整理して提唱しています。（たとえば、山本恒夫・浅井経子・坂井知志編『新訂版「総合的な学習の時間」のための学社連携・融合ハンドブック』〈二〇〇二年、文憲堂〉はわかりやすいです。）

しかしながら、私たち秋津の経験では「学社融合」を、答申にあるように「学社連携の最も進んだ形態」とは、まったく考えていないのです。「学社連携をいくら積んでも学社融合にはならない」と考えているからです。「はじめから双方にメリットを生みだすように仕掛けないとダメ」「自然に任せていても連携から融合にはならない」と考えています。つまり、「学社融合」と「学社連携」は似て非なるものととらえているのです。

また、答申には、「（学校教育と社会教育が一体となって）子供たちの教育に取り組んでいこうという考え方」とありますが、このことも秋津の経験からは与しません。私たちの融合実践は、「子どもたちの教育に〝だけ〟取り組んでいこう」とは考えていないからです。「子どもも大人も双方に」だからです。そうでないと、これまでのように学校に奉仕する形態になったり、「子どものため」という大義に大人が縛られたりして、かかわりあう双方にメリットを生みだすような豊かさをもてないからです。

ただし、よほど有能なコーディネーターがいて、ある具体的な「学社連携」の事業を「学社融合」へと導くことができれば、話はべつとは思います。このことは、今後の課題としたいと思います。

また、『朝日現代用語・知恵蔵２００２』（朝日新聞社）には、「学社連携」と「学社融合」について、以下の解説があります。

「学社連携は学校教育と社会教育（家庭教育を含む）とが相互補完的に協力し合う関係、また学社融合は学校教育と社会教育が部分的に重なり合う関係を表している。『開かれた学校』という教育政策の一環として、学社連携についてはかなり早くからいわれていたが、学社融合は学校教育と社会教育との関係を一層強化しようという観点から文部科学省が最近推進しているものである。いわゆるコミュニティー・スクール（地域社会学校）の理念に重なるものであるが、学社融合の実践はまだほとんどみられない。２００２年度からの完全学校５日制の導入に伴い、このような方向の本格的な取り組みが期待される」

「本格的な取り組み」、秋津発信でご紹介しま〜す！

狭義の学社融合と広義の学社融合

「学社融合」とひとくちにいっても、学校を拠点にした活動と、そこから生みだされる可能性はじつに多様です。そこで私は、二つの概念に整理しました。

【狭義の学社融合】

学校教育課程時間内に限定された「学社融合」活動。もちろん、学校教育課程が充実し、同時に参画する社会人の社会教育にもなることを意図している。

これを進めるさいの秋津での四大原則は、こうです。

①「学」「社」双方にメリットを

②だから無償で

③双方でカリキュラムづくりを

④評価も双方で

【広義の学社融合】

休校日や夜間もふくめた学校機能の開放からもたらされる、地域の「自主・自律・自己管理」による「学社融合」活動。

①自主的な生涯学習活動の充実や、そこでのふれあいからさらに、

②地域ぐるみの子育て・子育ち態勢まで醸成させ、

③総体としての人育てやまちづくりへと発展する活動、および、それらの諸活動から

④学校教育課程の充実に還元される教育創造を意図するもの、です。

さらに、今、国がめざす「いつでも、だれでも、どこでも学べる生涯学習社会」が実現していく過程には、つぎのようなかたちもありえると思います。

【狭義の学社融合の近未来像】

学校教育側（児童・生徒）が休校日などの社会教育活動に参画した場合でも、それを学校教育課程の履修とみなしたり、または社会教育側から学校教育課程に参画しても、社会教育課程の履修とみなすようなかたち、です。事実、秋津では二〇〇三年十月、休校日曜日の秋津まつりを「全校登校日」に変えて、地域社会の行事を学校教育課程に組みこみました。

いわば、生涯学習社会は、「学校教育と社会教育が相互に乗りあうことが常態化している社会」といいうるのではないかと思います。

ふれあい科を新設。学社融合は当たりまえ！

秋津小学校は、二〇〇二年（平成十四年）度から三年間、文部科学省のいわゆる「コミュニティ・スクール」（地域社会学校）をめざす「新しい学校運営の在り方に関する実践研究」の指定校になりました。一年目は、地域住民がくわわっての組織づくり（公募による委員をふくむ「地域学校協議会」）や外部評価の方法の策定や実施、これまでの地域のかたがたとの「学社融合」による授業の整理や発展のための基礎研究をおこなってきました。

二年目の二〇〇三年（平成十五年）度は、学習指導要領の教科にとらわれずに学校独自で教科を創ることができる文部科学省の「学校運営に係る実践研究開発学校」の指定も受けたうえで、生活科や総合的な学習の時間、特別活動などの授業時数の各半分（合計六十八～七十時間）をあてた「ふれあい科」を新設し、地域のかたたちや施設のかたたちとの「ふれあい」をいっそう進める授業をおこないはじめました。

「ふれあい科」は、

▼「自己肯定・他者理解・共生」の三本柱をねらいと目標にかかげ、人間づくり・人間理解・人間尊重の具体的な活動をおこなう。

▼「人との交流」にねらいをしぼって取り組む教科であり、ふれあう体験そのものを重視した活動である。

▼各学年の発達段階に応じて「自己肯定・他者理解・共生」の三本柱の授業をおこなう。

具体的には、秋津コミュニティの四十ものサークルの人たちはなんのためにどんな活動をしているのだろうとか、秋津小のいろいろなモノをつくる人たち、障害をもちながら懸命に生きている人たち、障害をもつ人を支援している人たち、環境保全や国際ボランティアで活躍する人たち……など、子どもたちをとりまくさまざまな秋津の人びととの「ふれあい」を、これまで以上に意図的に仕組む「学社融合」の授業として取り組みはじめました。

現時点では、一学期に取り組んだ先生から、「地域のかたがたとの学社融合は、ほかの教科でもおこなっているので『ふれあい科』との区別が今ひとつはっきりしない」などの課題もでています。

これらの課題や実践をもちよって、研究指定の中間公開発表会を、二〇〇三年十一月七日に秋津小学校でおこないます。私はこの発表会や二〇〇四年度におこなう研究指定三年間の総仕上げの発表会も楽しみですが、指定終了後の秋津小学校と地域のあり方に、より関心があります。なぜなら、秋津のまちはそれ以後もず～っと続くからです。

COLUMN―3

図説・学社融合と学校機能

学校は「地域のヘソ」! そして安全な場所であるために

学校の機能を二つにわけて考えてみます。学校のもつ「無形機能」と「有形機能」です。

1―学校がもつ無形機能とは「授業」のこと。いわば「ソフト」です。

2―学校がもつ有形機能とは学校「施設」のこと。いわば「ハード」です。

そして、地域に「開かれた学校」の状態もまた、それぞれに対応して考えられます。

1―保護者や地域の人びととの「授業の協働」による開かれた学校の状態。いわば学校の「無形機能=ソフト」が地域に開かれた状態。

2―「学校施設（とくに校舎内）の開放」による開かれた学校の状態。いわば学校の「有形機能=ハード」が地域に開かれた状態。

二つの学校機能と「開かれた学校」

二つの学校機能と「開かれた学校」

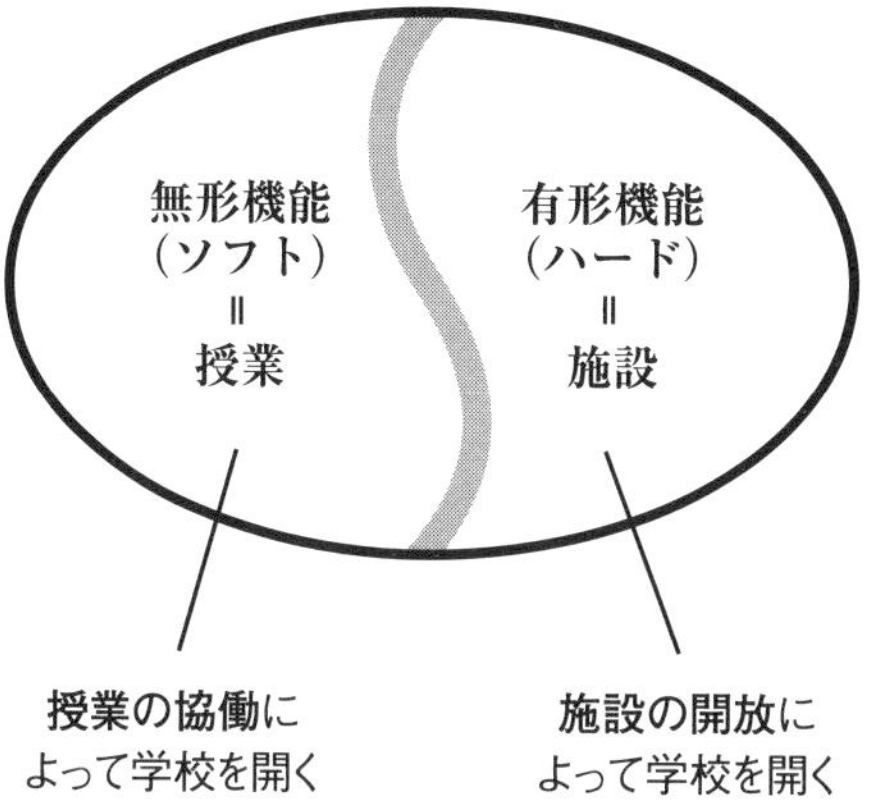

「連携」と「融合」の違いはこんな感じ

【学社連携】
物的・人的な資産の交換

【学社融合】
物的・人的な資産の共有や協働

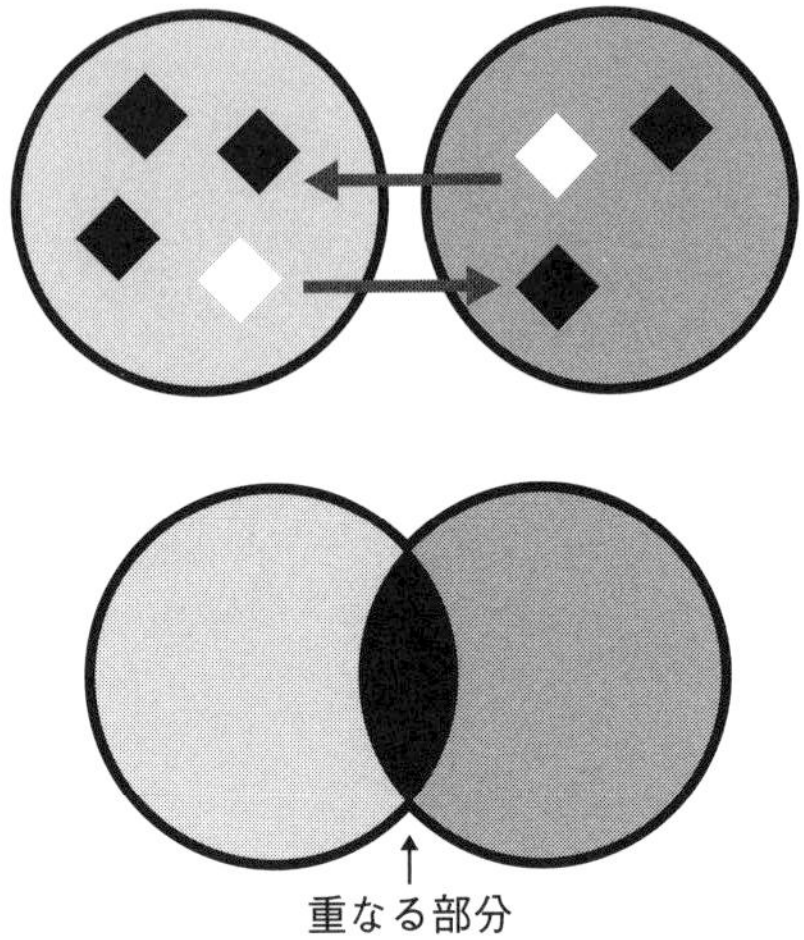

＊交換バランスが一方にかたよると、長続きしにくい

＊はじめから双方のメリットを生むように仕組む発想が重要

作図・参考文献『新訂版「総合的な学習の時間」のための学社連携・融合ハンドブック』（文憲堂）

地域のなかの学校機能を考える

避難所としての学校機能（ハード面）を考えてみます。次ページの図を参照してください。

▼災害など地域住民にとっての「いざ！」の可能性は、もちろん、一年三六五日×二四時間＝八七六〇時間です。

▼教職員の在校総時間数は原則的に、

開校出勤日二〇〇日＋他の出勤日二三日…合計二二三日×一日八時間＝一七八四時間です。

▼完全学校週五日制実施下での「学校に人がいる時間」の割合は、

一八〇〇時間÷年間総時間八七六〇時間＝約二〇％になりました。

「いざ！」のさいに避難所の学校に人がいる＝鍵をだれかが開けてくれる比率は、年間たったの二〇％ということになります。ですから、逆に校区住民側からみた場合、安全を確保するための避難所である学校の鍵が開かない時間帯が、年間八〇％もあることになります。

開校日における１日のうちの
開校時間と閉校時間

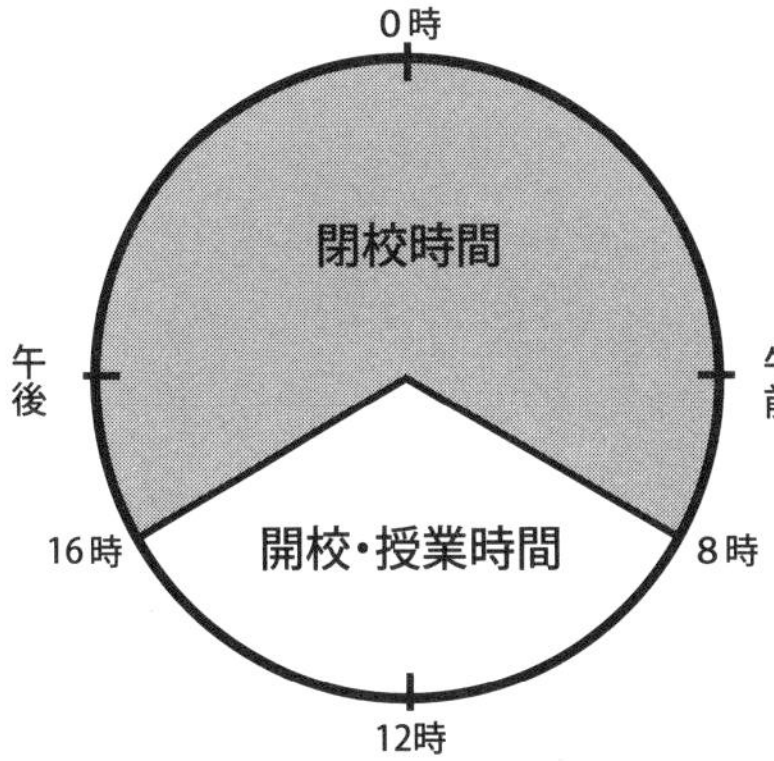

学校週５日制における
開校日と休校日の年間割合

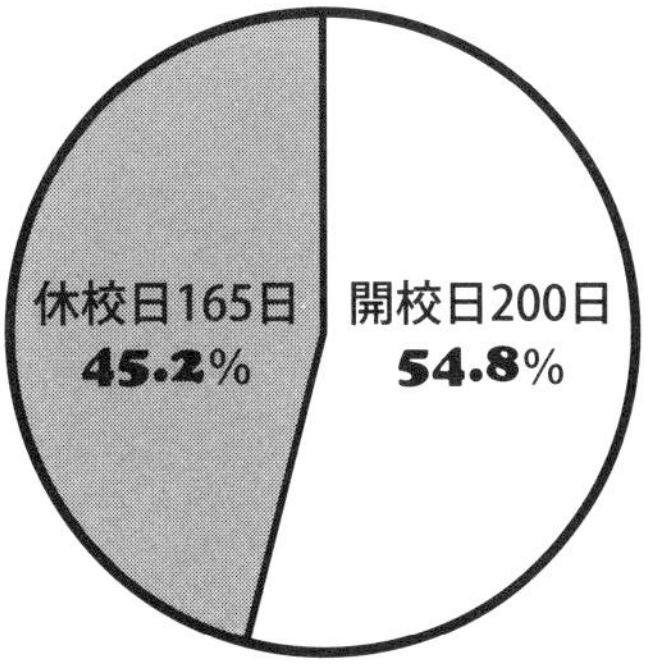

開校日は学校や学年によって
２～３日前後の違いがある

避難所としてとらえたときの学校施設の状況

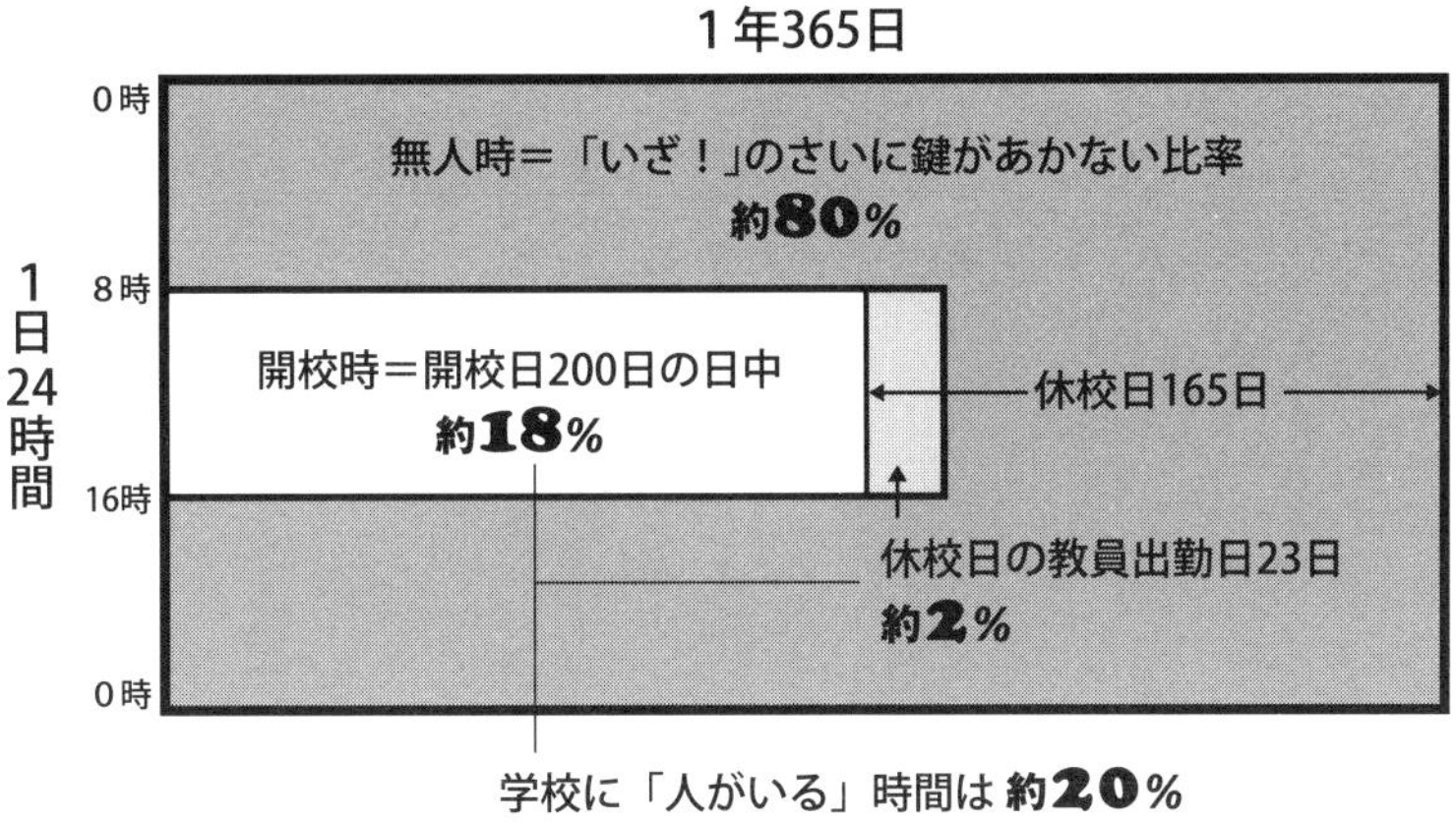

学校を開くことによるハード面・ソフト面での可能性

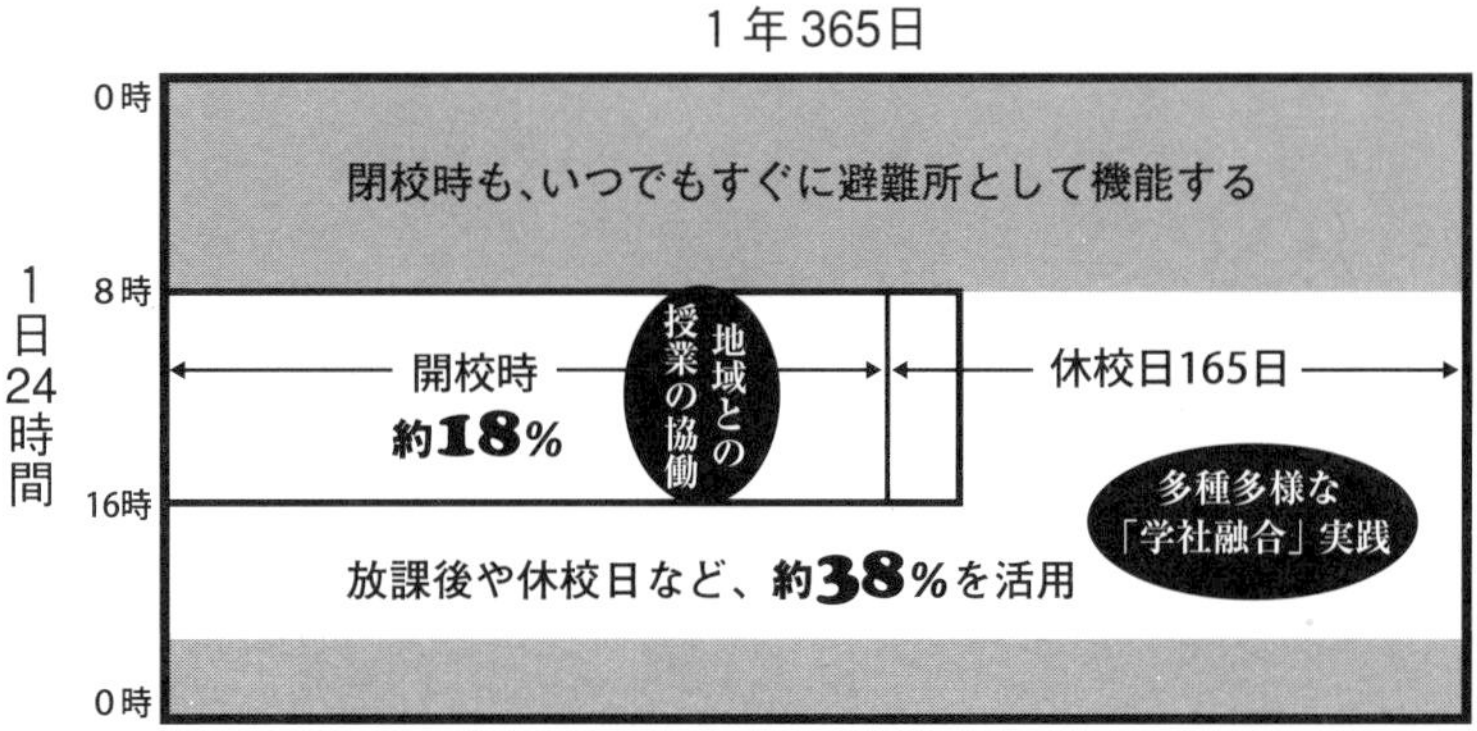

＊秋津ではこのように、学校機能を楽しくいかしています。

秋津小学校の「学社融合」プログラム

◆**「授業の協働」編**

——二〇〇二年度の「狭義の学社融合」

① わらべ歌で遊ぼう（一年生　音楽科）
② 童謡を歌おう（一・二年生　音楽科）
③ リコーダーの楽しみ（三・四年生　音楽科）
④ 学校おはなし会（全学年　国語科）
⑤ 鈴虫を飼い高齢者に届ける（二年生　生活科）
⑥ 栽培した花の種や苗の販売（二年生　生活科）
⑦ サツマイモの栽培と手づくりの焼きイモ器を使っての学社融合（一・二年生　生活科、五年生　総合学習）
⑧ 大正琴（二年生　音楽科）……秋津コミュニティのサークルとのふれあい音楽
⑨ 高齢者とのふれあい（一・二年生　生活科、六年生　特別活動）
⑩ 国際理解学習（三年生・社会科）……海外で活躍するボランティアとの授業
⑪ 地域の調べ学習（三年生　社会科、五年生総合学習）……地域のかたがたや施設職員にイ

ンタビュー

⑫ 秋津ばか面《めん》愛好会（三・五・六年生　音楽科）……秋津コミュニティのサークルとの授業

⑬ オカリナを吹こう／日本の民謡めぐり（五年生　音楽科）

⑭ 秋津まつりへの参画（三年生、秋津ばか面、四年生のバザー、五・六年生のソーラン節、金管クラブ員の児童）……地域主催のまつりでの音楽発表や秋津っ子バザーに参画し、収益金をボランティア団体に寄付

⑮ 地域の福祉施設との学社融合や、リサイクルの調査研究活動（四年生　総合学習）

⑯ 手づくり田んぼでの稲作体験と、インターネットによる世界の穀物調べ学習（五年生　総合学習）

⑰ クラブ活動（四～六年生　特別活動）……大人とパソコン、スポーツなどを楽しむ

⑱ 世界の音楽めぐり（五・六年生　音楽科）……アンデスや沖縄の音楽をとおして異文化理解

⑲ ビオトープ（自然観察園）づくりや環境学習（全学年が課題に応じて多教科で活用）

⑳ 校内音楽会（全学年　音楽科）……秋津コミュニティの音楽系サークルとの協働授業

㉑ 学校と地域の合同大運動会（全学年　体育科）

㉒ 運動会でのソーラン節の合同演技（五・六年生　体育科）

㉓ 秋津っ子まつり（全学年・児童会行事）……お茶会や昔遊びに地域のかたや施設のかたも参画

ほかにも、幼稚園や保育所と小学生との交流授業や、中学生と六年生との交流授業の「学社融合」もあります。こういった異校種間交流による授業化を、私は「学学融合」と勝手に名づけて、「学社融合」のひとつのかたちととらえています。

また、これらの「学社融合」には、もともとはコミュニティルームを活用しての「大人だけの生涯学習」だったものから「授業の協働」へと発展したものがたくさんあります。こういったかたちを、私は「広義の学社融合から狭義の学社融合への還元」ととらえています。

◆「授業時間じゃなくても！」編
——二〇〇二年度の「広義の学社融合」

① 秋津探検ウォークラリー……秋津小をスタートとゴール地点にして、秋津のまちをまわるふれあい行事
② 秋津音楽亭……秋津コミュニティのサークルを中心に、手づくりコンサート。年二回開催。秋津幼稚園プレイルームにて
③ お化け屋敷……秋津まつりで、コミュニティルーム一室を改造しておこなう
④ 秋津っ子バザー……秋津まつりでの子どもが主役のバザー
⑤ ストリート・バスケット……秋津まつりで、中学・高校生を中心におこなう
⑥ 防災被災訓練を兼ねた一泊キャンプ……夏休み開始直後に幼児からお年よりまでが参加
⑦ 秋津小学校コミュニティルームの年末の大掃除&親睦お餅つき
⑧ 生涯学習フェスティバル……新習志野公民館で、秋津コミュニティの工作クラブを中心とした「ボランティア団体支援寄付金稼ぎのお餅つき」をおこない、各サークルが公民館で日ごろの学びの成果を発表
⑨ スポーツフェスティバル……習志野ベイサイドスポーツクラブ」（NBS）主催。秋津コミュニティの「食の研究会」を中心に食べ物を出店。子どもからお年よりまで、秋津地区以外の人をふくめて千人ほどが参加
⑩ フリーマーケット……秋津の総合福祉センター横の空き地にて、秋津まちづくり会議主催で隔月開催。「食の研究会」を中心に食べ物を出店

これらのイベントは、ほとんどが学校施設を使いながらも閉校日におこなっています。学校や公民館、市営広場や市の空き地などを使用していますが、企画や運営はすべて、秋津住民による「自主・自律・自己管理」でおこなっています。

また、本文にも書いたように、「先生のためのパソコン教室」を放課後、お父さんたちが講師を担い、秋津小学校にて二〇〇一年まで開催していました。

5 コミュニティルーム、学校にあります！

——老若男女、学校で憩い学ぶまち

余裕教室の開放は「本丸」の明け渡し!?

「教室は、学校の『本丸』なんですよ！　それを明け渡すんですからね」「余裕教室の開放は、これまでの校庭や体育館の開放とは根本的に違うのです。だから、心して使ってくださいね！」と、柴田輝雄習志野市教育委員会生涯学習部長（当時。その後、市立大久保小学校校長をへて定年退職）は、私に話しました。

今から九年まえ、一九九四年十二月、市の教育委員会の会議室でのことです。この柴田さんの話を聞いて、私は「なるほど、学校はいわば『お城』だから、その主要施設の教室は『本丸』なのか！　だから『登城・下城』をイメージさせる『登校・下校』というのか！」と得心がいきました。

当時、私たち「秋津地域生涯学習連絡協議会」（のちの秋津コミュニティ）は、市へ「秋津小学校の余裕教室の開放」を「地区要望」として書面をだしてお願いしていました。前年度の九三年度からの二年越しの要望です。

柴田さんはオーケーのでなかった前年度とは違い、「今年はイケル！」との感触をえていたためか、笑顔でつづけます。

「来年の三月議会に、秋津小学校の余裕教室の開放費用として、市教委は八百万円を計上します」

私は思わず「ヤッタ！」と叫んでしまいました。その喜びように柴田さんは、「まだ予定なんだからナイショだよ！」と口止めしました（柴田さん、バラしてしまいました！　ゴメン！）。

しかし、私たちが望む「管理者をおかない、私たち利用者市民による自主・自律・自己管理」での開放ではなく「八百万円には、教室のひとつを畳部屋に改造する費用やシャッター設置のほかに、管理者費用もふくむ初年度費用」とのことでした。これにはガッカリしました。が、とりあえず開放されることの喜びに「マッ、イッカ！」と、すぐに気をとりなおしました。

市民の自主運営による開設を望んで

私たちはなぜ、管理責任がともなってふつうなら面倒と思えるような、「利用者市民が鍵まで預かり自主運営するかたちでの開放」にこだわったのでしょうか。

「管理者をおいての開放」は、行政にすればお金がかかることです。しかも「毎年かかる人件費」になります。人件費の負担増によって、早く開放してほしいと願う私たちの想いとは裏腹に、行政が決断をしてくれないかもしれません。

同時に、市民の自主運営によって、「学校そのものを生涯学習の拠点として認識すること」や、その延長に「新しい公共性を育むこと」、「学校を拠点にしたまちづくり意識の創生」までがありうるかもしれないとの想いが、私たちにはありました。

さらには、モノではありませんが「製造（産んだ）責任者」として、自分の子どもが通う学校でありながら、お役所まかせ的な、自主性や主体性をアッチに預ける一部の親の体質改善にもなるかもしれないなあ、との想いもありました。

そんな想いを秘めながら、一刻も早い、しかも自主運営での開放を望んでいたのです。「早く！」との想いは、秋津ですすめていた「学社融合」の延長に、すでにさまざまな大人の生涯学習のサークル活動が、学校を拠点に活発におこなわれてきていたからです。

たとえば、さまざまなモノづくりを担ってきたお父さんたちは、のちに「工作クラブ」の名称になる活動を学校で展開しつづけていました。また、「創作・秋津オペレッタ」の上演をキッカケに劇団「蚊帳の海一座」が発足したり、合唱や縦笛の大人のサークルなどが、学校の空き教室や音楽室などを歴代の校長裁量により利用させていただき、活発に活動するようになってきていました。また、私のワイフが主催しての「水彩画教室」も開始していました。

そんな実績が背景にあったからこその「余裕教室の地域開放の要望」だったのです。

管理・運営を担う受け皿としては、先の協議会がすでにありました。準備は万端！　発車オ〜ラ〜イ！

この章では、秋津小学校コミュニティルームがどんな経緯で開設され、どんなふうに住民のみなさんに利用されて、そこから子どもと大人のどんな交流が生まれたかを紹介します。そのうえで「開かれた学校」と「学校の安全」について考えていきたいと思います。

「自主・自律・自己管理」でコミュニティルーム開設！

さて、「本丸」発言の翌一九九五年三月議会の終了直後に、柴田さんから教育委員会に再度呼ばれました。会議室に通され、座ったとたんに、柴田さんは切りだしました。

「岸さんたちの希望どおりになりましたよ！」「このさいだから、飼育小屋や『ごろごろとしょしつ』などを手づくりしてしまう秋津住民のパワーに、生涯学習の校区づくりのモデルケースとして、学校の鍵を預けて余裕教室の管理をまかせてみようということになりました」と、笑みをたたえておっしゃったのです。

思わず私は、またまた「ヤッター！　ヤッター！」と叫びながら、小躍りしてしまいました。

柴田さんがおっしゃる「このさい」とは、「予算の減額」があったことでした。

この年、一九九五年一月十七日早朝に阪神淡路大震災が起きました。習志野市では「防災倉庫の各学校への設置」をふくむ防災態勢整備の緊急必要から、当初予定していた予算の削減があったのです。予定の八百万円から二百万円強に減額されました。そのこともあり、結果として、「管理者をおかない、私たち利用者市民に鍵を預けての自主運営での開放」になったのです。

もちろん「利用者市民にまかせる『本丸』の開放」は、柴田生涯学習部長をはじめ、当時の教育長、そして校舎の二階以上にバラバラにあった余裕教室四室を、私たち保護者や地域住民が使いやすいように一階に移して開放を推進してくれていた石橋征次校長（当時。その後、数校の校長をへて二〇〇三年三月に定年退職）ほかの関係者の大英断であったことは間違いありません。

これらのかたがたの英断には、開設以来九年目に入った現在、四十八にも増えたサークルや団体仲間の笑顔を見るにつけ、今でも感謝をしています。

校長管理から教育長管理の開放へ

こうして、利用者による自主・自律・自己管理で運営する「秋津小学校コミュニティルーム」

が開設されました。

運営は、先の協議会を秋津コミュニティに改称し、その内部に「秋津小学校コミュニティルーム運営委員会」を発足させて担うことにしました。同時に、すでに校長裁量で利用させていただいていた「うらの畑」の敷地と陶芸窯も、コミュニティルーム運営委員会の管理施設として開放されました。

そして、市教委はこれらの開放施設の管理責任者を校長から教育長に移しました。学校施設の社会教育施設への転用です。また、教育長が管理責任者になったことは、校長が安心して夜間や休校日に休めるメリットを生みだすことでもありました。とかく学校施設の地域開放にともなう管理責任の問題でモタモタするのは、教育長に管理責任者になる度量がないからだと私は思います。校長だって人の子、権利ですから休日をしっかりとれるように、管理責任者を教育長に移管すればよいと思うのです。

じつはこのような転用の方法については、すでに文部科学省が一九九三年（平成五年）四月に公表していた『余裕教室活用指針』（余裕教室の活用をはかるさいの計画策定および実施についての基本的考え方や留意点などをとりまとめたもの）を私たちは学び、そのうえでその年に市教委に要望をだしたのです。市教委も文部科学省の施策どおりに検討し、合法的に開放しました。このような「利用者住民に鍵まで預ける自主管理での開放」は、おそらく全国でもはじめてで、当時としては画期的な施策だと思います。

開放施設は、一階の四教室＝大会議室、和室、工作室、小会議室兼事務室（秋津まちづくり会議のロッカーやコピー機、インターネットのできるパソコンなども置き「地域の事務所」にもなっています）、畑用敷地三十平方メートル（書類上は三十平方メートル……ナイショですがその後、三百平方メートルに「以後の校長裁量」で拡大)、陶芸窯および小屋一棟。

陶芸窯と小屋は開設時には一棟でしたが、その後、中学校で使われなくなっていた窯一器を移転させ、同時に陶芸小屋一棟を教育委員会に新築してもらいました。この小屋は当初、教育委員会からは「設置の許可」だけをもらって、工作クラブのお父さんたちで手づくりしようと考えていたのですが、教育委員会予算で新築してくれました。ただし「学校教育用施設」とし、秋津小学校コミュニティルームへは「社会教育用に学校から貸しだす考え方」とするように、教育委員会が「配慮」をしました。

この「配慮」とは、すでに秋津地区には一九九二年度に開館した新習志野公民館があり、そこに陶芸窯があることから、「秋津地区のみに社会教育用の陶芸窯を増やすわけにはいかない」という、習志野市全市の平等への配慮を教育行政がしたことです。その窯の移設と小屋の新築にともない、もともと小学校にあった小さな窯と小屋は廃棄しました。

休校日のコミュニティルーム利用者の出入り口は、廊下のはずれにある非常口を専用として利用します。鍵は、コミュニティルーム運営委員のうちの十五人が保管管理をしています。ですから、休校日の利用者は鍵を借りて開け、使用後に、貸しだした保管管理者へ返却します。

二〇〇三年六月時点の運営委員は五十一人、すべてが地域生活者です。うち役員はＰＴＡ会長経験者ら十八人です(会長一・副会長四・書記二・会計監査一・事務局長一・事務局次長一・事務局員六・顧問二)。また、特別構成員として秋津小学校校長・秋津幼稚園教頭・秋津保育所所長・新習志野公民館館長の四名が公共施設長の職責でなっています。秋津小学校長は、二〇〇一年度までは副会長のひとりでしたが、二〇〇二年度の完全学校週五日制の実施にともないあらたに設けた特別構成員に、ほかの施設長とともになり、名実ともに利用者住民による運営組織になりました。

同時点の生涯学習関係の登録サークルは四十です。各サークルから世話役（代表者）を一名選出し、コミュニティルーム運営委員になっています。このなかには「学校と地域の融合教育研究会・千葉県支部」もあります。ほかに、合計八つの地域団体が登録し利用しています。秋津小学校ＰＴＡ・幼稚園ＰＴＡ・秋津学童父母の会・秋津保育所保護者の会などの子どもと保護者の関係団体や、秋津まちづくり会議・秋津みどり会（高齢者団体）・秋津地区連絡協議会・習志野ベイサイドスポーツクラブです。

新しく利用したいかたには、コミュニティルームに掲示してある利用案内をよく読んでもらい、なんでもかんでも運営委員に問いあわせをしない習慣を心がけるようにしてきました。もちろん、コミュニティルームの利用案内は何度か全戸配布してあるのですが、必要を感じていないときには、あんがい意識的に見ていないものです。ですから、同じ秋津の仲間なのですから、たがいに自律した大人の関係を育むため、できるだけ、いい意味でのぞんざいな対応をしてきました。そのほうが、利用者住民による主体的なまちづくりにつながると思うからです。

ふれあいを育む動線

さて、コミュニティルームの利用時間は、午前九時から午後九時まで。各部屋を午前・午後・夜の三区分にして使用しています。休館日は盆暮れ正月のみです。とはいえ、実際には年中無休で使用されています。「盆暮れで連続して休みがとれるからこそ使いたい」という人たちがいるからです。職業としての管理者を設置したのでは、こうはいかないことでしょう。

利用料は無料です。サークルにいたらない一人でも利用できることも、ここの大きな特長です。学ぶ主体は一人ひとりの「わたし」だからです。教育委員会の了解で作成した利用案内の表紙には「楽しく、ゆっくり、〝わたし流〟に！」と大書して、その生涯学習の理念を明確に打ちだしています。利用対象者は、一般の公民館と同じように市内在住・在学・在勤者です。「なんで秋津以外の地域の人が使うの？」といぶかる人もなかにはいますが、「市の施設だからです」と応えて納得してもらいます。

開設時に私たちがこだわったこと、ものすごく大切だと思っていたことは、開校日時に子どもとコミュニティルームを利用する大人とが、行ったり来たりできる「動線」を確保することでした。

コミュニティルームは夜間や休校日も使用することから、教育委員会は開設のための改造で、開閉式のシャッターを二つ付けました。一階の学校管理部分との仕切りシャッターと、二階への階段の登り口へのシャッターです。

私たちはそのシャッターを付けることは同意しつつも、「開校日の朝夕は、職員のどなたかがシャッターの開閉をしてください」とお願いしました。教職員の手をわずらわせるのは、その一点のみです。シャッターを開けることで、子どもと大人が出会える動線が確保されるからです。当時そう考えたのは、ほとんど私の直感ですが、子どもたちが日常的にコミュニティルームに出入りして、さまざまな地域の大人が学ぶ姿をのぞいてほしいと思っていました。そして、よりいっそう大人と子どもの交流ができる、学校と地域社会の拠点にしたいと考えていました。

ですから、先生がたには「子どもたちにたいして『大人が勉強しているのだから行ってはいけないよ』といわないでください」とお願いしました。先生たちは善意で「大人のじゃまをしてはいけない」と指導するかもしれませんが、逆に「おおいに来てください」なのです。

私たちは最初から、「学校教育にメリットをもたらす開放を」という姿勢で学校施設の開放を望みましたから、子どもと大人が行き来できる動線を確保することは、ものすごく重要だったのです。その延長には、「きっと、学校教育にも還元される学社融合のキッカケができるはず」との思いがありました。そしてみごとに、後述するかずかずの実例が出現していきました。

教職員へのお願いは、この開校日朝夕のシャッター開閉だけです。掃除をふくむほかの諸管理は、管理責任者である教育長の委託を受けた秋津小学校コミュニティルーム運営委員会、すなわち利用者すべてが担う「自主・自律・自己管理」でおこなっています。

お金がかからない運営システム――「予算がない!」はよいことだ

コミュニティルームの利用方法はこうです。

定期利用の団体は、年度はじめに登録用紙で登録申請・更新をおこないます。臨時の利用は、あいていればいつでも可能です。簡単な使用申請書を提出し、使用後は使用確認書(「窓の開閉確認」ほかをチェックする用紙)に記入します。

自主運営だからこそのアイデアでコストの削減になったおもしろいことは、この使用確認書の書式改善でした。開設当初は、公民館と同じ「一活動の終了ごとに一枚に記入する使用確認書」でしたが、年間で千枚前後にもおよぶことから、コミュニティルーム運営委員会の工夫で、十回使用で一枚の紙に収めて安くあがるように改善しました。くわえて、四つの部屋ごとにこの使用確認書のファイルブックを置く工夫もしたことから、部屋ごとの使用者や人数がわかりやすくなり、年二回の集計(教育委員会に知らせる)が便利になりました。

掃除は利用者がそのつどおこなうほか、全利用登録サークルが月別にも実施します。年末の最終土曜日には、全利用登録サークルが参加して、大掃除をおこないます。二〇〇二年暮れの大掃除には百人以上も参加して、それこそ「あっ！」というまにキレイになりました。毎年この日は、掃除後に親睦を兼ねた望年餅つき会を家族参加で楽しくおこないます。

コミュニティルームの備品類の電話機（十円電話機）、机・椅子などは開設時に市費で購入・準備してもらいました。開設後に備えたピアノ、冷蔵庫三機、ビデオ付きテレビ、茶だんすなどは、地域に呼びかけてえたリサイクル品や、秋津コミュニティが自前で補充したものです。パソコンとコピー機の設置とメンテナンス費用は、秋津全住民対象の観点から、秋津まちづくり会議が負担しています。インターネットの毎月のランニングコストは、秋津コミュニティと秋津まちづくり会議との折半です。

秋津コミュニティのおもな収入源は、秋津まつりでのお化け屋敷やバザーの収益金です。秋津まちづくり会議の経費は、秋津まつりの収益金や秋津地域全世帯が加入していることからの分担金でまかなっています。各サークルの活動は自己負担が原則です。自分の学びのための費用ですから当たりまえ、という考え方です。

コミュニティルームの利用数は延べで、秋津全住民七千三百人の一・六倍強にあたる一万二千人前後が例年、利用しています。これだけ利用されていても市教育委員会の行政支出は、水道光熱費以外「年間タッタの三万円ほど」です。トイレットペーパーやせっけん、掃除用具の補充などの消耗品類だけですんでいます。

行政支出が少ない最大の理由は、「人件費が不要」だからです。しかも管理者がいないのに、利用者が多いのです。このことは、公共施設運営のあり方として、示唆に富む事実と思います。

じつは、利用者による「自主・自律・自己管理」の運営システムだから、より多くの住民が利用するようになったと思うのです。「自分たちが利用するのだから、自分たちでキチンと管理をしよう」という自治意識が育まれます。それが可能なのは、どんな大人でも一度は世話になった小学校という、本来的に親しみがある公共施設だからではないでしょうか。「子どもたちにみっともない大人の姿を見せたくない」という感覚もあります。「水道光熱費なんかもおれたちで払ったほうがいいんじゃない？」という意見もではじめました。学校設置のひとつのメーターであることから、分割が可能かどうかの調査をしてもらっています。

小学校のコミュニティルームだから育まれる交流　その一

開設後は、新規に発足するサークルなどがぞくぞくと誕生し、「爆発状態！」の使われ方です。そして、子どもと大人のさまざまな交流が授業へと発展・還元される例も、シャッターを開けて動線を確保したことによって、予想どおりに増えてきました。

こんなことがありました。

大正琴サークルのおばあちゃん（失礼！）たちは、授業のある平日に利用します。初夏の暑い日に練習をしていました。学校はクーラーがないので、窓を開けて風を入れます。風が入るのとは逆に、音は外に流れていきます。二階以上に子どもたちの教室があるのですが、大正琴の音が子どもたちの耳に入ります。すると子どもたちは「きょうはコミュニティルームからヘンな音がしてる。お母さんのコーラスとはちがう、ピアノの音でもない。じゃあ、いってみよう！」と、何人かが休み時間に下りてきました。ドア越しにそっとのぞいて、「おばあちゃん、その楽器なあに？」と子どもたち。おばあちゃんは「大正琴よ、ひいてみる？」。そうして、つかのまのふれあいがはじまりました。

喜んだのはおばあちゃんたちです。「孫のような子どもたちと大正琴ができるなんて、夢にも思わなかったわ！」と感激しました。

子どもたちのほうはといえば、クラスに戻って先生に話しました。「ねえ先生、コミュニティルームで大正琴っていうヘンな楽器をおばあちゃんたちとひいたんだ！」って。その先生は「ピ～ン！」ときました。「これは授業にいかせる！」とね。

いまでは、生活科の授業や校内音楽会に、お母さんたちの合唱サークルなどとともに出演するようになりました。そのときのおばあちゃんたちはステキです。真っ赤なおそろいのロングスカートと、真っ白なブラウスの胸には生花の手づくりのコサージュを飾り、ほほ紅を薄くひいて、すっかり華やいだようすで舞台に立って、子どもたちに披露するのです。はじめは「荒城の月」のようないかにも大正琴風の曲が多かったのですが、今では子どもたちが好きな「森のくまさん」などのレパートリーも増えました。

また、あるときのこと。

発足した陶芸同好会の大人たちが、コミュニティルームで陶芸をしていました。当時はまだ土曜日も月二回開校日でしたから、自然に子どもたちも休み時間には加わります。その子どもたちは「ボクたちも粘土コネをした～い！」と、ダダもコネました。そこで学校と相談し、中学校から移設した大きな陶芸窯に変わったこともあり、九七年度に子どもの授業の「陶芸クラブ」を発足し、大人といっしょに楽しむようになりました。

ほかにも、1章で紹介したとおり、校庭で無農薬野菜や花を栽培する「うらの畑」サークルの畑には平日・休日を問わず世話をする大人が来ていて、同時に、昆虫や植物にふれあえる子どもたちの自然観察園にもなっています。

こうして学校施設を開放したことによるメリットが学校側に増え、また地域の大人はふだんの学校のようすが手にとるようにわかるようになりました。教育現場を担う先生の大変さが理解でき、「学」「社」双方の信頼感がいっそう増すようになっていきました。

私たちの経験では、「余裕教室の開放は小学校でこそ」と感じます。

小学校は、どこでもだいたいまちの便利な一等地に位置しています。多くの地域住民にとって、地理的に近く、子どもからお年よりまでが歩いて来ることができ、また心理的にも近い存在だからです。

ただし、総合型地域スポーツクラブを立ちあげるのであれば、より広域で人口も多い中学校区対象がよいと、習志野ベイサイドスポーツクラブ発足の経験から思いました。中学校区であれば、校区内に、小学校をふくめて体育館や校庭の施設数が多くなるとともに、なによりもスポーツ指導者の人数が多いからです。指導者の人数が多いということは、同時にスポーツ種目も多種類、準備できるということでもあるからです。

小学校のコミュニティルームだから育まれる交流　その二

毎年、春とクリスマス時期におこなわれる「秋津音楽亭」は、秋津コミュニティに登録してコミュニティルームを利用するサークルが、おもな出演者です。ときには用務員の松田量一さんもギターを片手に出演し、ステキなポップスを披露してくれます。

二〇〇三年五月三十一日の土曜休校日に開かれた秋津音楽亭での交流のようすを紹介します。

出演者と出しものは、つぎのとおりです。
▼秋津小の子どもたちによるリコーダーの合奏
▼「どんつく」による民謡の演奏
「どんつく」のソーラン節演奏には、子どもの有志が踊りました。からめ節という民謡も披露しました。じつは、からめ節には森の石松の話も出てくることから代表の西尾さんが心配して、事前に電話をくれました。「任侠ものだけど、学校や子どもさんにだいじょうぶでしょうか?」と。電話にでたワイフは笑いながら、「そんな心配はいらないですよ! 秋津コミュニティにはタブーがいっさいないんですから!」「それに主催は秋津まちづくり会議だし、休校日におこなう各サークルの自主発表会なんですから!」と応え、安心してもらいました。当日、「どんつく」のみなさんは「森の石松ぁ〜」と、高らかに披露しました。
▼習志野スイング・ソサエティによる本格的なジャズ演奏
秋津コミュニティの「ユニット923」というバンドの世話役でサックスを演奏する宮崎義明さんらが、二人の女性ボーカルをくわえて「ジョージア・オン・マイ・マインド」など懐かしのスイングジャズを披露しました。
▼秋津幼稚園の園児とお母さんによるうたとおどり
▼佐々木校長と花岡ユリ子教頭とのオンステージ
花岡さんは音楽専科の腕をいかしたみごとなピアノ演奏で、校長が歌う「帰れソレントへ」ほかに花を添えました。一部のノリノリ団員さまのあいだでは、「花岡さんのピアノがメインだね!」とのうわさも、あったとかなかったとか……。
▼根津ファミリーベンチャーズのベンチャーズメドレー

生涯学習を絵に描いたような三世代家族のグループです。根津嘉弘お父さんとつれあいの喜美子さん、嘉弘さんのお母さんの敏江さん、敏江さんのお孫さんで高校生の俊輔くんと今年社会人になった由香里ちゃんの五人が、ベンチャーズの曲を披露します。毎年、「アンコール！アンコール！」の声がでる人気バンドです。

とくに敏江さんは、キーボード担当ですが、ご自分が演奏しないときには両手を広げて音頭をとります。その姿があまりにも可愛くってステキなので、私は「としえさ～ん！」と叫びながら、小銭を入れたおひねりを投げてしまいました。

秋津音楽亭は、秋津幼稚園の講堂でおこないます。コミュニティルームでは狭いし、体育館では広すぎるからです。そのさいの、大がかりな組み立て式の舞台づくりは工作クラブが担当し、スポットライトなどの照明や暗幕は劇団「蚊帳の海一座」が担当します。総合プロデューサーは、竹尾静おじさんです。

さて、今回の秋津音楽亭の司会者は、なんと小学六年生の神崎なつめちゃんがつとめました。なつめちゃんは、秋津コミュニティを見学にくるかたがたを案内する「秋津っ子ガイドサークル」の一員ですが、この日の朝、司会役を自分から買ってでたのです。

出演参画した佐々木校長は、のちに私にいいました。「こんどは教員の参加を促したいです」と。私は「無理強いはしないでくださいね」といいながらも、この発言がとてもうれしかったです。同時に、休校日ではあっても全校の授業としての「音楽の日」にすれば、「地域社会の教育力を学校教育課程に組みこむ、あらたな『学社融合』が誕生する」とも思いました。

ともかくこんなふうにして、利用者住民による自主管理で学校施設を利用することで、さまざまなサークルが発足し、活動をするようになりました。それが「学社融合」の授業に発展したり、休校日もさまざまな交流や生涯学習の発表の場へと、学校と地域が変わっていきました。

私がおもしろいなあと思うのは、工作クラブのノリノリおじさんたちは、たぶん、たぶんですよ、元来、音楽好きなおじさんはほとんどいないと思うのです。しかし、舞台づくりに休日返上で汗を流したことから、秋津音楽亭の観衆として客席にいつづけてフルに聴くのです。そんな、一見ミスマッチの事実がでることも、学校での活動ならではと思うのです。

各サークルはそれぞれの目的で活動する「集団」ですが、このようなイベントを介して「集団と集団」が交ざりあう場面も生まれてきています。

そんな秋津コミュニティの交ざりあって溶けあうようなもうひとつの「たくらまない融合」のようすを、宮崎さんは「ネットワークからパッチワークだね！ だって、ネットだと網の目だからこぼれちゃうけど、パッチワークならもれないからね！」と、あるとき私にいいました。

私は、「利用者による自主運営での学校施設の開放は、校区の生涯学習コミュニティづくりや人育て・まちづくりに発展する！」という確信をもつようになりました。

地域のヘソとしての学校——第三のコミュニティ、誕生！

コミュニティルームの利用案内の表紙には、先にもふれましたが「楽しく、ゆっくり、〝わたし流〟に！」と大書してあります。

楽しいことをしつづける主体は、一人ひとりの「わたし」であり、「わたし流」に「ゆっくり」でよいとの考えから創作したスローガンです。

その意図は、「わたし」が動く・動きたくなるのは、上からや地域ボスからの「強制」からではないということです。強制は一時しか有効性をもたないものであり、自発性こそがどんな人でも継続して活動するための原則だろうと思うのです。そしてなによりも大切なことは、「楽しい！」という感情だと思います。私は、そんな意図からの参画による仲間の心模様の変化をみるにつけ、他人ごとからみずからのことへと主体の転換が起きるダイナミズムを、たまらなくうれしく楽しく感じます。

強制をいっさいしないという方針は、子どもの参画についてもまったく同じです。秋津コミュニティには「秋津っ子ガイドサークル」や「秋津モームス」といった、子どものサークルも誕生していますが、大人と同じあつかいです。年末の大掃除にも、まったくの自主性できています。コミュニティルームに登録する前提の「自主・自律・自己管理」の意図を納得してもらい、具体的な自主管理のひとつに年度末の掃除もふくまれているからです。

私は秋津コミュニティというのは、地域における「第三のコミュニティ」ではないのかなと、最近は考えるようになりました。

第一のコミュニティは、秋津まちづくり会議のようないわゆる町会連合会のことです。第二のコミュニティは、ＰＴＡのような保護者と働く人たちの団体です。

町会とかＰＴＡというのは全国どこにでもあります。しかし、どこにいっても両者がうまく協働というか融合というか、じつはしていないように思います。秋津では、秋津コミュニティが第一のコミュニティと第二のコミュニティをつなぐ役割を担うようになってきました。つまり、秋津コミュニティは本来の目的である秋津地域の生涯学習を推進しつつ、まちの異年齢およびことなる性質の組織をつなぐ、第三のコミュニティではないかと思うのです。

もうひとつ、秋津コミュニティが第三のコミュニティというポジションに立てたと思うのは、学校にはかならず卒業生がいると同時に、毎年、新入生がいるという事実を、「学校機能の特性のひとつ」と認識するようになったからです。継続していくまちづくりに「トキ」（時＝年数）という要素がもたらすものを意識化できたといってもいいかもしれません。

　毎年、新入生がいるという事実は、当然、新入生とともに若い親・新しい保護者がやってくることを意味します。新しい大人が自動的にあっちからやってくる機能が、学校にはもともとあることに気がつきました。であれば、つねに、新しい人を仲間に引きこむ意志をもって、具体的で魅力ある活動を提供すれば、かならず三つのコミュニティの人的循環と活動内容のリフレッシュができ、結果として学校づくり＝人育て＝まちづくりの三要素が「よいこと循環」していくと思ったのです。

　子どもが卒業して小学校から去っていったとしても、それまでに親自身の学びの場＝サークルが学校にできていれば、大人は卒業しないで在学のままでよいのです。たとえば陶芸クラブに参画しつづけていればよいのです。そうやって各組織の歩留まりをよくすると同時に、各組織間の人の循環をもよくしていけばよいと思うのです。

　全国どこにでもある学校でそうした発想にたった組織をつくって、そこをコーディネーター役にして学校と地域との「融合」を推進しつつ、開放される学校施設もその組織の自己管理で運営したら、ワクワクするような生涯学習の校区づくりとまちづくりが、人育てとともにセットできるだろうと、私は思うようになりました。

　授業の充実をはかる「学校の無形機能の開放」と、余裕教室など「学校の有形機能の開放」との学校機能の両輪の開放。そのことによってすすむ、学校を拠点にした生涯学習のまちづくり。そんなあり方は、これまでの学校には見本がまったくない「習志野市立秋津小学校でもあるけれど、同時に、習志野市立秋津生涯学習学校でもある」と思うのです。人育てやまちづくりまでふくんだ活動が、トキの積みかさねによって可能になってきました。小学校が、人びとになくてはならない「地域の〝ヘソ〟」になってきたのです。

「いざ!」のさいの避難所としての学校機能を考える

秋津では完全学校週五日制の実施の意味を、その導入のかなりまえに、「校区住民の避難所としての学校機能の面からみた場合、どうなるのだろうか?」という視点から考えました。

学校は地震や災害など「いざ!」のさいの避難所に指定されています。避難所に指定しているのは自治体の首長です。首長は、公立学校設置自治体のトップであるとともに、「住民の生命と財産を守る義務がある」からです。教育委員会や教育長にはそんな責任はありません。まして校長や教員をやです。

しかし、4章のコラム【図説・学社融合と学校機能】にくわしく述べましたが、「いざ!」のさいに避難所の学校に人がいる時間の比率は、完全学校週五日制の実施後の現在、年間たったの二〇パーセントにも減ってしまいました。

ですから、逆に校区住民側からみた場合、避難所でもある学校の鍵が開かない時間帯が年間八〇パーセントもあることになりました。これでは、校区の住民の安全な避難所とはいえないと思います。

その意味からも、学校設置者である自治体の首長さんはもっと、避難所に指定している学校機能に関心をよせて、校区住民に鍵を預ける工夫をしていただけたらと思います。そして、未来に向けた学校機能の意味をさまざまな角度から検討していただき、積極的に学校施設の地域開放に挑んでほしいと願います。同時に教育長さんも、学校を義務教育だけの機能施設と固定して考えずに、多面的な「生涯学習やまちづくりの拠点に！」との気概で積極的に改変してほしいと願います。

秋津は、コミュニティルームの鍵を運営委員十五人が持っています。鍵を持つ条件として、「いざ！」のさいにはすぐに駆けつけて鍵を開けることになっています。また、家人のだれでもが対応できるようにしていただいていますし、各家の玄関内のわかりやすい場所に鍵を置いてもらっています。開設当初は会長と副会長二人の三人が鍵を持ちましたが、このような条件を納得したうえでご自分の意志で持ちたいというかたが増えてきたことと、秋津地区の一丁目から五丁目までの居住者バランスも勘案し、十五人まで意図的に増やしてきました。

じつは、鍵を持つ居住者を増やしてきたことの背景には、先の阪神淡路大震災の経験から学んだことが大きいのです。神戸に講演にいったときに、こんなことを教えていただきました。

政令指定都市の神戸には、小中学校が約二百五十校あります。地震が起きたのは早朝でしたから、学校は閉まっていました。避難してきた校区住民は、ガラスを割って入ったそうです。生命を守るためですから当然です。もちろん、校長先生などが駆けつけようとしましたが、倒壊した家屋が道路をふさぎ、車は使えません。自転車さえ通れないところもありました。たどりつくのに半日かかったところもあったそうです。すると、すでにガラスが割られ、机やロッカーなどを校内から移動させて場所とりまでがおこなわれていました。夜になると、一月の寒風でそれは寒くて大変だったそうです。

また、避難生活が何日か続くと、家からコタツなどの電化製品を持ってきて、それぞれ勝手にコンセントにつないでしまい、電力オーバーで電気も使えなくなったりしたそうです。トイレは詰まってしまい機能をはたさなくなりました。そんな状態の避難所の学校がたくさんあったといいます。

つまり、きのうまで校区の住民として生活していた人たちが避難してきているはずなのに、いざとなったらそうはうまくいかない。そのことを、私たちは真剣に考えました。実際に起きたらどうなるかはわかりません。でも、鍵があるのでガラスを割らなくてすむかもしれませんし、日常的に地域の学校につどうことで親しみをもてれば、もっと違った避難所としての学校の使い方ができるのではないかと思ったのです。

神戸市のＰＴＡ連合会は、悲惨な体験があったからこそ「ＰＴＡの機能を見直そう、役員を終えてもその経験をいかして、こんどはまちづくりの主体者になろう」と意図して、「ＰＴＡアカデミー」を興しました。ＰＴＡアカデミーは、年間五千円を自己負担して十講座ほどのカリキュラムを学ぶ、一種の生涯学習とまちづくりコーディネーターの養成組織です。そんな講座に招かれて、私は「開かれた学校とまちづくり」の話をさせていただいています。こまったことをこまったままにせずに、そこから学び、積極的に「シメタ！」に変えていく神戸のかたがたに、かぎりないエールを送りたいと思います。

「てるくはのる」事件から学ぶこと

ここに一冊の報告書があります。

『「伏見区小学校事件に関する専門家会議」報告書』（平成十二年十二月十九日、編著「伏見区小学校事件に関する専門家会議」——会長・河合隼雄、ほか副会長二名と委員十名、発行・京都市教育委員会）です。

一九九九年（平成十一年）十二月二十一日、男子児童が放課後の校庭で何者かによって殺害された、いわゆる「てるくはのる」事件が京都でありました。被疑者青年の自殺というかたちで事件は収束しましたが、「学校開放」と「管理の問題」で激しく世間が揺れた事件でした。その事件後すぐの二〇〇〇年一月六日に京都市長の要請で組織され、第一回会議を開催して以降、約一年にわたり検討を重ねてきた会議の報告書です。

さらに、二〇〇一年六月八日に国立大阪教育大学附属池田小学校事件が起き、「学校開放」と「管理・安全の問題」は、事件のあまりにも大きな衝撃によって揺れつづけています。ここでも事件を起こしたのは青年です。もちろん償っても償いきれない残忍で痛ましい事件です。であるがゆえに、今後の「開かれた学校」を考えるにあたり、京都の報告書は多くの示唆を与えてくれると思うので紹介します。

報告書の「はじめに」で、会長の河合隼雄氏（文化庁長官）は以下のように述べています。

……今回の事件は京都市教育委員会が努力してすすめてきた「開かれた学校」に対するある種の挑戦であり、それをいかに受けとめるかということであった。もちろん、学校における安全確保は極めて大切である。しかし、だからと言ってこの事件におびえて、学校を「閉じる」ことを考えたとしても、それは異常な攻撃に対する万全の守りになるはずはない。

物理的な閉鎖により守ることによって、かえって失うものの大きいことを考え、むしろ「開かれた学校」の考えは促進しつつ、これを守るのは、心の結びつきによる守りではないか、とわれわれは考えた。学校を取り巻く人々の心のつながりが、目に見えぬ防壁をつくり出すのだ。

さらに、「……危機管理と言っても、このような突発的で異常な事態に、いつも備えていることなどはできない。それよりも……、地域全体の大人も子どもも通じての心のつながりこそ、このようなことに対する強い防壁と言うべきであろう」と述べ、事件後であっても「開かれた学校の推進」の決意と、心のつながりによる目には見えない防壁をつくりだすことの大切さを述べています。

また、事件後の「学校開放」に向けた京都市の具体的な施策は、報告書第4章の2「『開かれた学校』づくりの推進」の「①学校施設の積極的な開放」に示されています。

・さらに、今日においては、学校の塀を開放感溢れる花と緑の生け垣にする「学校グリーンベルト事業」を推進するとともに、地域の方の生涯学習の場であり同時に子どもたちからお年寄りまで世代を超えた交流の場である「学校ふれあいサロン」の設置が余裕教室を活用して進められている。

・今回の事件に際し、一部に「安全確保のため直ちに学校の門を閉ざすべきだ」といった意見もあったが、本専門家会議として、「学校の安全確保」と「開かれた学校」は決して二者択一の問題ではなく、「開かれた学校づくりの中で安全確保を図っていくこと」の重要性を関係者に訴えてきたところである。

・開かれた学校づくりを進め、昼夜を問わない来校者を得ることは、施設の死角を実質的に減少させていくことにもつながり、自分たちの生活に密接にかかわる場として、保護者や地域の方の学校に対する親近感が醸成され、施設の安全の点検と維持に向けた意識と活動の高まりにも繋がる。

私も「まったくそのとおり」と、秋津の経験から思います。

この節の結びとして京都では、学校施設をより地域に開き、同時にそのあり方の検討を進める決意をこう述べています。

・従って、今後とも、学校施設の積極的な開放を期待するが、その際には、子どもたちの豊富な生活体験・社会体験・自然体験の機会の充実をめざす完全学校週5日制の実施をふまえ、図書室をはじめとした特別教室などをふくめた施設の開放と、地域が主体となった施設活用のあり方について検討を進めることが必要である。

「開かれた学校」や学社融合は、方法であり目的ではない

二〇〇一年の春、私は、前年暮れの報告書で推進への決意が述べられている「学校ふれあいサロン」が、まさに四月から開設されようとしている京都市立崇仁小学校を訪れました。

校庭のはずれに流れる高瀬川の支流を利用したビオトープづくりを、学校と地域が構想し進めようとしています。校舎の一角の一教室分がきれいにリニューアルされ、冷暖房と簡易レンジまでが新品でついていました。あとは、新学期からの開設を待つばかりです。

ご案内いただいた田中健校長に、私は聞きました。「鍵は地域に預けるのですか?」と。

校長さんは、「町会長でもある運営委員長さんに、校舎とふれあいサロンの鍵ふたつを預けます」と応えました。

このようにして京都市では、二〇〇一年度からすべての小学校に「学校ふれあいサロン」を順次、設置しはじめました。

私は想います。学校は、だれのために、なんのためにあるのかと。

私は応えます。学校は、すべての人のためにあるのだと。すべての人が学び、つどい、憩うためにあるのだと。

そこにつどうことにより、ある人は癒され、ある人は学ぶことによる充実と自信を培い、ある人は学んだ成果を披露することで喜ばれ、みずからの有用感を発見し、ある人は弱い人の存在からやさしさの大切さを感得し、ある人は……、ある人は……。無限の発見と発展がえられるところ、それが「地域のなかの学校」であり「地域とともに歩む学校」の役割と思うのです。

学校を開くことにたいする現在の揺れは、「二者択一の問題ではなく、『開かれた学校づくりの中で安全確保を図っていくこと』」（先の報告書）への避けては通ることのできない産みの苦しみと感じます。新しい地平を切りひらく学び舎、癒しの場、安全で安心なノーマライゼーションのコミュニティづくり機能として、学校という場と役割をどのように築いていくのかが問われているのです。

そして、「てるくはのる」事件や池田小学校事件の被疑者青年の背景を想うとき、はたして学校が、家庭が、地域コミュニティが、だれにとってもやさしいノーマライゼーションの場であったのだろうかと気になります。ひるがえって、秋津のまちはやさしいまちだろうかと自問します。

「開かれた学校」や「学社融合」は、方法であり目的ではないと思います。「開かれた学校」や「学社融合」の目的は、その先にある「住む人も働く人も、だれもがいつでも学べる、生涯学習のコミュニティづくりに寄与する学校」と、「住む人も働く人も、だれもが安心で安全な、ノーマライゼーションのコミュニティづくりに寄与する学校」を創ること、と思うからです。

京都や池田小学校事件から学び、閉じる方向へ戻るのではなく、創造的な新しい学校像を、地域とともに全国どこでも築いていくことができたらと、せつに願います。

人が出入りしているからこそ安全、というあり方

池田小学校の事件後に、秋津小学校はどう対応したのでしょうか。事件翌月に発行した「秋津小学校だより」の『秋津っ子』（二〇〇一年七月号）から紹介します。

開かれた学校と子どもの安全確保――学校の安全に関する二つの考え方

先日の学級懇談会には多数の保護者の皆様に参加していただきありがとうございました。懇談会資料として、「幼児・児童の安全確保及び安全管理について」を配布させていただきました。大阪教育大学附属池田小学校での事件は社会に大きな衝撃を与えました。

社会的には、「学校を開く」という今の教育の流れと子どもの安全確保をどう両立させるかが課題になっています。

学校生活において、子どもの安全は第一に確保されなくてはなりません。どうすべきかについて次の二つの考え方があります。

（1）学校を開くことによって安全を確保する

（2）学校を閉じることによって安全を確保する

本校は、基本的に（1）の立場で安全確保に努力いたします。そして、子どもを守る網の目シフトをキャッチフレーズにしています。この推進は保護者の皆様をはじめ秋津コミュニティ他地域の方々の協力なくしてはできません。

校舎内外の巡視をふくめ、安全ボランティアの募集を検討しておりますので、その際はご協力

の程よろしくお願いいたします。

（筆者補足――「安全ボランティアの募集」は、二〇〇三年度初めに秋津小学校が「安全支援システム」として保護者や地域に募集をおこない、「環境支援システム」「学習支援システム」「遊び支援システム」とともに「学社交流・連携・融合」の観点からの四大支援システムとして位置づけて、現在は推進中です。）

また、佐々木幸雄校長は、テレビの取材（NHK教育テレビ「教育トゥデイ」、特集・だれが子どもを守るのか――学校の開放と安全、二〇〇一年六月二十一日放映）で、つぎのように応えています。アナウンサーの「平日・休日を問わず朝から夜まで開放しているコミュニティルームには、地域のかたたちの声が絶えることはありません」という解説のあとです。

「ぼく自身はね、網の目の安全というふうに考えているんですね。結局、多くの人がより多く学校のなかに入ってきて、子どもといっしょに活動しながら、子どものことをよく知っている、子どもも大人のことをよく知っている、そういう多くの人たちの目で見て、子どもの安全確保や安全管理をやっていくのです」

また、同じく取材を受けた秋津コミュニティ副会長（当時）の立場宏子さん（元秋津幼稚園PTA会長）は、「みんなが関心をもっている子どもや学校ですから、そういった前向きな目で保護というか見守っていくというふうなかたちであればいいかな、と思うんです」と応えています。

宏子さんのいうように、自分の子どもが安全な環境ですくすく育つためには、「となりの子」にも目くばりできる地域の大人であることの自覚と行動が大切だと思います。

さらに、「うらの畑」での作業中に取材を受けた一戸直作お父さんは、「よその学校はわかんないけど、ここはだれか大人がいますよね。ここみたいに大勢のかたが来て『こんにちは』とかの挨拶をしていれば、逆に不審者みたいな人はみんなでていくんじゃないですか。そんな気がしますけどね」と続けます。

秋津は教職員と保護者や地域ぐるみで「開いて安全を確保する『網の目シフト』」で対応しています。さらに、事件以前からおこなわれていた授業の「いつでも参観」も、なんら変わりませんでした。「孫の顔を見てから帰りたいなあ」と思う故郷からみえたおじいちゃんやおばあちゃんが、お孫さんの授業のようすを見学する姿もときに見られます。

私たちが「開いて安全を確保する」ことを望むのは、学校のなかであれ外であれ、「秋津っ子になにかがあれば同じこと」であり、被害者を秋津からだしたくないと同時に、加害者もだしたくないからです。秋津っ子の問題としては、少年でも青年でも、また学校のなかも外もまったく同じことであり、学校や教職員だけにその責を押しつける下品な大人にはなりたくありませんから。

6 地域でゆっくり「子育ち」支援

——多様な大人のなかで育つということ

子どもだって商売します！　秋津っ子バザー

「おじちゃん、寄付はこの缶に入れるんだよね？」

「そうだよ、売り上げ金の一〇パーセントはショバ代として寄付してね」

秋津小学校五年生の男の子が、バザーの売り上げ金を持ってきたときの私との会話です。

二〇〇二年十月十四日祝日、秋津まつりに協賛して、秋津コミュニティは七回目の「秋津っ子バザー」を学校のロータリーで開催しました。初年度は三十人ほどの参加でしたが、少子化に反比例して年々増えつづけ、今回は二百人にもなりました。

増えた理由はいたって簡単です。ふだん学校では教えない現金のやりとりが、子どもたちは楽しいからです。また今回は、四年生全員が先生とともに参加したからです。

出店のルールも簡単。自分でおもちゃ箱をかたづける。保護者の同意をえたもののみを自分で持ってきて、上限二百円を限度に値段も自分でつけて商売をする。食べ物はダメ。

ねらいは、楽しみながら金銭感覚を身につけて、まちにでてもキャッチ・セールスに引っかからない賢さを身につけること。社会人になってクレジットカードを持つようになっても、カード破産なんかしないしっかりした生活者に育つこと。

発案のヒントは、じつは私の子育て体験にありました。ずいぶんまえになりますが、わが子のおもちゃ箱があふれかえっていたのでかたづけさせようとしたところ、ゴチャゴチャいってなかなかかたづけません。そこでたまたまあったダンボールの空き箱を子どもの横に置いて、「いらないモノがあったらこっちに入れなさい」といって仕分けをさせました。すると、ものすごいものをボンボンボンボンと、ダンボールに入れました。子ども自身に選ばせると、全部のおもちゃが大切なわけじゃないんですね。ついひと月ほどまえに祖父にねだって買ってもらったモノも、すでにいらないモノです。これは親が取っておきましたが、それくらい子どもというのは好き嫌いがはっきりしています。このときの経験から、こうしたものを売るバザーを、いつか秋津っ子たちにやらせてみたいと思っていました。

もうひとつは、「学校では子どもに現金をあつかわせない」という暗黙の了解、タブーがあります。お金と宗教と政治という三大タブーがあるのが学校教育だと思います。でも、お金とのつきあいは、社会にでれば不可欠です。学校教育でやらないなら、地域が教えなければ、賢い生活者にはなれないのではないかとの想いも抱いていました。

秋津っ子バザーでは、「商売をするにはショバ代がいるんだ。だから、子どもといえどもちゃんと払わせよう」というルールをつくり、自己申告で売り上げの一〇パーセントを寄付させます。子どもは『〇年〇組なんのなにべえ、32円』などと、学年・クラス・名前・寄付金額をボードに書いて寄付をします。三十二円と書く子は、三百二十円の売り上げがあったとわかる仕組みです。

その売り上げ金の合計と秋津っ子バザーの参加者名簿、大人のバザーの売り上げ金をあわせて、最初の四年間は毎年、阪神淡路大震災で被災した独居老人にお米を届けるボランティア団体に寄付しました。その後は、3章で紹介した「世界の子どもと手をつなぐ会」に寄付し、お礼に秋津小学校の国際理解学習の「学社融合」実践をしていただいています。

会の代表の坂田喜子さんは、「寄付ももちろんうれしいけれど、私たちの活動を学習し、自分もなにかのボランティアをしたいなあと、子どもたちが思ってくれたらうれしいですね」といいます。

さて、金銭感覚育成の視点で子どもたちを見てみると、けっこうおもしろい場面にでくわします。売れなければ値下げをしたり、おまけを付けたりして商売に励む子もいます。なかには、ほかの子から買ってきたモノに倍の値段をつけてバザーで売っちゃう、大人顔負けのしっかりものの商売人（!?）の子までが出現しちゃうんですからね。

売り逃げ少年A――「子育ち」支援という発想のキッカケ

二回目の秋津っ子バザーのとき、寄付をしなかった子どもがいました。小学校二年生の活発な男の子でした。チクリに来たのがPTA役員のお母さんでした。

「ねえねえ、岸さん、あそこにいた○ちゃん。いつのまにかいなくなっちゃたわよ。ボードに名前も書いてないし、寄付もしていないんですけど、いいんですか？」

稼いでショバ代を払わず逃げた「売り逃げ少年」呼ばわりです。私は一瞬、こまりました。

すると、横にいた橋村お父さんがいいました。

「いいじゃんかよ、どうせ秋津から逃げられないんだからさー！」

もう私はうれしくなって、橋村発言にかさねて、「そうだよ、いいじゃん。ああいうヤツが

『生きる力』っていうんだよ！」と応えました。

PTA役員のお母さんは、「えーっ⁉」といいながら去っていきました。

ところが、翌年、なんとその「売り逃げ少年」がまた秋津っ子バザーに参加しにきました。お父さんたちは、うれしくてたまりません状態です。「アイツ、今年はどうすんだろうね！」「さりげなく見ていよう！」なんていいながら。

さあ、バザーを終えたその子はどうしたでしょうか。なんと、なんと！　しっかりとボードに書いて箱に寄付金を入れました！　ボードに「三年○組　A　173円」と、名前も寄付金額も書きました。売り逃げ少年Aは、売り逃げしても無事に一年成長し、三年生に進級していました。もう、お父さんたちはうれしくってうれしくって、売り逃げ少年Aの話題でもちきりです。「一年くらい待ちゃあいいんだよ！　待ちゃあさー！」「あんときに叱りつけなくても、待っていれば自分で考えるんだよな！」「それくらい地域とおフクロって懐が深いんだよ！」とかヘンなことをいいながら、わがことのようです。こんなお父さんたちのイイカゲンさは、けっこう大切ではないかと思いました。「いろんな子がいるんだからさー」と、いたってお気楽です。

何百人もの子どものなかには、イイカゲンタイプのお父さんになじむ子もいるでしょうし、ピキピキタイプのお母さんがよいと思う子もいます。だからこそ、大人みんなが、自分たちが楽しいと思える企画をだしながら参画をすることの大切さがあると思います。だれのためでもなく、まず男女の大人の自分たち。そういったイベントに、子どもや学校という場を介在させれば、さまざまな試みができるのではないでしょうか。

売り逃げ少年Aの丸一年間の心模様を思うと、きっと後悔の念も抱いたことでしょう。だから「来年は払おう」と考えたかもしれません。そんなみずからを成長させる力、楽しみつづけるためにはルールを守らないといけないんだ、自分が心から楽しめないんだと感じる力、だから直そうと考える力が、子ども自身のなかにあるはずです。

こんな経験から、子どもの成長を気長に待つことの大切さを実感し、待つ姿勢の意味をこめて「子育『ち』支援」と考えるようになりました。子育てにこまっている若い親への「子育『て』支援」とはことなる、新しい視点を私たちに発見させてくれたのが、売り逃げ少年Aだったのです。

「イイカゲンおじさん力」が子どもの自発性を引きだす

秋津まつりの特長は、外部のテキヤさんを入れずに、自分たちでお店を出して、自分たちで買うといった方法にあります。地域循環型祭りといっています。さまざまなイベントも自分たちで考えながらおこなっています。ですから、お父さん・お母さんたちは、お店をつくって忙しいです。わが子には五百円くらいのおこづかいをあげて「きょう一日遊んでいなさい」と、それが習慣になっていました。

あるときふと気づいたのですが、子どもたちは「お客さん」になっていました。だから、食べたあとのゴミなどを、ゴミ箱があるのに、あちこちにポイポイ捨てちゃっている。そういうことが少し目立ちました。そこで秋津コミュニティのおじさんたちは話しあいました。どうも子ども自身が主体的にかかわれる場所がないから、ただ一日ウロウロして、お客さんになってしまっているからじゃないか。

そこで考えついたのが、子どももお化け役やチケットの売り子も担う、コミュニティルーム一室を改造しての「お化け屋敷」や、「秋津っ子広場」です。子ども自身が主体的にかかわれて、お祭りを盛りあげる場所づくりでした。コミュニティルームが開設した一九九五年にはお化け屋敷を開始し、翌年から秋津っ子広場をくわえて、以後、毎年おこなっています。小学校や幼稚園のPTAも協賛し、いっしょに運営しています。

秋津っ子広場は、秋津っ子バザーほかの子どもの遊び的なイベントをおこなうコーナーです。毎年チラシをつくり、学校や幼稚園、保育所などで配布して、子どもの参画を募ります。チラシの文章はほとんど毎年同じで、参加の強制や事前届出などはいっさいしません。たとえばバザーは、「参加したい子は当日の朝九時三十分ごろに自分で売るものを持ってきてください」。やりたい子どもが当日くればよいのです。

さて、はじめてチラシを配布したとき、あるPTA役員のお母さんから私に電話がありました。

「岸さん、岸さん。このチラシには事前届出とかがどこにも書いてないですけど、いいんですか?」

「いいんですよ。このとおりですよ」「当日やりたい子はダンボール箱を抱えてくればいいんですよ」と、私は応えました。

「えーっ。それじゃあ、もし参加する子どもがいなかったらどうするんですか?」と、そのお母さんは心配していいます。

「参加する子がいなかったらバザーにならないから、『バザーは中止です』と書いた張り紙をします」と私は応えました。

するとそのお母さんは、電話口であきらかに怒っているようすでいいました。

「えーっ。そんなイイカゲンでいいんですか！」

私は「イイカゲンでいいんですよ！　だって、大人が勝手にはじめるイベントなんだから、子どもに強制できないからね！　楽しそうだと思えば来るだろうしね」

お母さんは、電話口から「ムス！」とした顔が飛びだしてきそうな雰囲気で電話を切ってしまいました。

せっかく善意で連絡をしてくれたのに、もう少していねいに応えたらよかったかなあと、今でもこのお母さんには申しわけなかったと思います。でも、もしこのときお母さんたちに参加いただいていたら、きっと事前に集まって、キッチリ値段付けなんかもしちゃったかもしれないと思うのです。

さて、こんなこともあったので、「はたして何人の子どもが来るだろうか？　もしや、本当にゼロなんてことはないよね？」なんて心配も少しはしました。

当日、不安もあって早めに会場の学校のロータリーに行き、校門から入ってくるであろう子どもたちを見ていました。はたして集合時間近くになると、ダンボールを抱えた子どもたちがわんさか、わんさかやってきました！　総勢三十数人いました！　さあ、お父さんたちは忙しくなりました！

「おじさん、どこでやるの？」「ここにあるゴザをあっちに敷いて、自分で商品を並べて売りな！」「値段は二百円までだぞ！」「知ってるよ、一〇パーセントを寄付するんでしょ！」

お父さんたちはうれしくってたまらないのですが、しかしことばは逆にぞんざいになっていきます。子どものなかには、ものすんご～く大きなダンボールを抱えて、顔も見えない状態でふらふらしている子もいます。そんなときは、少しは手助けをします。

終わってみると、「おじちゃんありがとう！　またやってね！」「このゴザはどうすんの？」「あとでリヤカーで運んで体育倉庫にしまうから、ここに置いときな！」と、子どもとおじさんとの会話が聞こえてきます。そして、ゴザをかたづけたあとには、ゴミがひとつもありませんでした。

やったあ！　ガミガミいわなくったって、子どもたちってわかるんですね。自分が楽しみつづけるためには、となりの人の楽しみを奪ってはいけないんだと。公共性というのがあるんだということを、子ども自身が発見していきます。私たち大人がすることは、そういう場所を少し用意することだろうと思いました。

「イイカゲンおじさん力」に、カンパ～イ！

中学生カツアゲ未遂事件で考えたこと

そんなふうにして、子どもたちと毎年、秋津まつりを楽しむようになりました。三、四年続けていると、中学生や高校生になった顔見知りの子どもたちもやってくるようになります。祭りは毎年十月です。

中学二年の夏休みくらいに少々、自己顕示欲が強くなってズッコケて（？）、夏休みあけには茶髪やピアス付きで登校する子もではじめます。そんな茶髪や金髪のチューボー（中学生）が、何人かつるんでお祭りにくるようにもなります。するとおじさんは「おう、なんだその頭は！」と、ここまでは中学校の先生と同じ口調です。が、そのあとが「おまえ、その頭かっこいいなあ！」。するとくだんのチューボーは、「えへへ」なんていいながら照れています。その照れてる顔は、知りあった小さいときの顔です。ちっちゃなときから見ているかわいい子どもの顔なんです。

もちろん中学校の先生たちにとっては、夏休みあけに金髪・茶髪に耳ピ・鼻ピの子でもでてくれば、やはり指導対象になるでしょう。それは先生の役割なので、私たちはそういう先生をおかしいというつもりはありません。そこはハッキリと、先生のプロ性とわれわれ地域の役割の違いとして感じるようになりました。

あるとき、カツアゲ未遂事件がありました。私の長男が中学三年生のときでした。部活仲間など十人で隣町のお祭りにいったときのことです。ぶらぶらしている先輩が息子たちを呼びとめました。その先輩のそのまた先輩のプータローをやってるヤツが、ケンカをして前歯を折った、その治療費が十万円かかる、と下に下におろしてきます。ちょうど現役の中学生が十人いたことから、「一人一万円ずつ持ってこい」と脅されました。約束までしたわけではないそうですが、息子たちチューボーはこまりました。

一週間後の休日の夜、たまたま私は家にいました。十人の中学生のうちの何人かが呼びだされて、どこかの公衆電話に集まり、息子に電話をしてきました。どうも息子の電話のようすや顔色がヘンなので、電話のあとに聞きました。

「どうしたんだ?」と聞くと、息子はさきほどの内容を話しました。「おまえは行くのか?」「行かない」。「友だちはどうすんだ」「いや、行くみたい」。私は「ばかやろう、おまえの友だちなのにどうすんだ!」と叱責しつつ、「じゃあ、お父さん行くから。友だちはどこにいるんだ?」と聞きました。「たぶん、どこどこの公衆電話だと思う」と息子。

私は自転車に乗ってでかけていきました。すると、夏の暑い夜だったことから、種田祝次お父さんとお子さんらが夕涼みをしていました。種田さんはのちに秋津小学校のＰＴＡ会長をつとめ、今は第七中学校区青少年健全育成連絡協議会の副会長で、秋津コミュニティの運営委員でもあります。種田さんは私のようすに「岸さんどうしたの？」。私はコレコレシカジカと説明しました。すると種田さんは「わかった。おれも行く！」と自転車を用意し、つれあいさんに「だれだれとだれだれに電話してくれ！」といい残し、私と種田さんとが自転車隊になって、めぼしき公衆電話を探しながらぐるっとまわりました。

しかし、チューボーの行動範囲は予想以上に広く、一時間ぐらいまわったけれども現場はわかりませんでした。しかたなく家に帰ると、息子がせいせいした顔をしていました。「友だちから電話があって、お父さんたちが動きだしたんで先輩が気づいて、『おまえら、もういいから帰れ』と帰された」とのこと。

結局、カツアゲは未遂になりました。「オヤジにチクッタ」とのことから、あとから息子に「お礼参りがあるらしい」とのうわさが流れましたが、なにもありませんでした。

後日、そんな話をコミュニティ仲間のお父さんたちと話題にしたところ、「なんでおれにいってくれなかったんだよ！」「いつでも電話くれよ！」と、何人ものお父さんがいいます。私はものすご〜くうれしく思いました。そして、たぶん二十人くらいのお父さんは、「いざ！」のとき、都合さえつけば集まってくれると今でも確信してます。

金八先生は地域の役目じゃないの？

そこから、さらにこんな内容の話に発展しました。

たとえば、校区のコンビニエンス・ストアのまえに夜の十時、十一時ごろ、チューボーとおぼしき子どもたちが五、六人もたむろしているとします。茶髪や金髪、ピアスの風体で。タバコを吸っている子もいるかもしれません。それを見たとき、どうするでしょうか。翌日、学校に電話をする地域のかたがいるかもしれません。「おたくの中学生がコレコレでしたよ！」と。そして、電話にでた中学校の生徒指導の先生などが「いやあ、ご連絡いただいてありがとうございます。ビシビシ、指導します」と、お礼まじりにいうかもしれません。

これって、どちらもおかしいと思います。私たちはお礼をいわないでほしいと思います。お礼をいっちゃうから、「じゃあ、あれもお願いします、これもお願いします」と学校まかせになってきたのではないかと思うのです。それに、夜の十時、十一時は先生の営業時間ではないはずです。夜中まで駈けずりまわったら、冗談ではなく死んでしまいます。しかも何百人もの生徒が対象です。そんなことができるのは「日本国中で金八先生ただひとり」。しかし、よく考えてみたら、テレビの金八先生は週一回だからできたのです。しかもタッタの一時間だけ。最近は年に一回だけ「金八先生スペシャル」なんですから！

だから、そうしたことは地域の役目だろうと思います。先生には、本来の仕事である授業の質と技術を高めるための時間を確保してもらいたいと思うのです。

たとえば、子どもが家に帰ってきて、「先生がきょう、こういう授業をやってこんなにおもしろかったよ。こういうことを学んでものすごく役に立つ。お父さん知ってる？　お母さん知ってる？」と、そんな会話が日常的に生まれる授業であれば、親なんかイチコロでその先生を尊敬しちゃいます。「へえ、子どもが授業の話をしてくれた。いい先生だ」と、黙っていたって思ってしまいます。

本来の先生の仕事である授業充実のための時間をつくりだしていただくためには、やはり、まず保護者がしっかりと責任をはたすこと。くわえて、小さいときから子どもを見つづけている地域のおじさん、地域のおばさんの役割。と同時に、地域には行政施策として、保護司や民生委員などがすでにおられますから、既存のそういう役職のかたとも連携をとることではないでしょうか。問題は、そういうかたが地域によっては名誉職になっていることです。しっかりつとめをはたさなければ名誉でもなんでもないと思います。

子どもを被害者にも加害者にもさせたくない、そういう地域でありたい。その根っこに「学校を開く」ことがあると思います。直接、非行をどうこうしようというよりも、学校で子どもたち・地域の人たちと知りあいになる延長に、それはあると思うのです。

中高生だって、主体的に活動場所をつくれるんだ

秋津っ子広場のイベントのひとつとして、中学生・高校生が運営する「ストリート・バスケット」を二〇〇〇年からはじめました。二〇〇二年度からの完全学校週五日制を控え、中高生も休校日が増えます。しかも、大人の都合で休みを増やすということを子どもはよくわかっています。じゃあ、子ども自身はどう過ごしたいのか。

小学生にはすでにさまざまな遊び場を、秋津コミュニティが学校に用意しているので、ほとんど心配していません。しかし中高生はどうなんだろうと気になりました。それに向けて、押しつけがましくさまざまなイベントを大人が勝手に提供するだけではダメだと思い、「おまえらはなにをやりたいんだ?」と、当時ぶらぶらしていた中学生のグループに聞きました。

すると「スリー・オン・スリーがしたい!」といいます。アメリカ映画でよく見る、街なかの空き地などにバスケットリングがあるアレ、三人チームでゴールの数を競うゲームです。「バスケットリングなら小学校の校庭にもあるじゃないか」とおじさん。すかさず「あれじゃ

貧弱で、ダンクができねぇんだ、ダンクシュートがよ！」といいます。そして、「アメリカ製の輸入品の組み立て式リングを売ってるんだよ」とのこと。聞けば四万円くらい。「じゃあ、その四万円はおじさんたちがだすから、いっしょにやろう！」ということになり、資金をだして購入して、ストリート・バスケットをはじめました。

秋津コミュニティに「秋津ストリートバスケットサークル」の名称で登録し、今では大学生になった子どもたちもいっしょに運営しています。

ストリート・バスケットのおもしろさは、ゲームの仕方やルールをフレキシブルに自分たちでつくれることにもあるようです。六人集まれば二手にわかれてのスリー・オン・スリー、二人ならワン・オン・ワン、一人でもフリースローができる、などです。

さて、お金をだすさい、チューボーくんたちには条件をつけました。「このお金はいつかは返すんだぞ！」「サークルをつくっておまえたちが運営するんだぞ！」と。さらに「二十人くらいのグループになったら、総会のようなものも、おじさんたちが手伝うので開きなさい！」「会費はたとえば月五十円とか、バザーをやって運営費をだすとか、やり方はどうでもいいから、四万円を稼いでいずれ返せよ！」。ただし金利はつけないことも条件にしました。ん？

子ども自身がなにをやりたいのかを聞くことが大切だと思います。もちろん、すぐには「これをやりたい」という意見はでないかもしれません。でも、つねに大人側がうながす姿勢と、できるかぎりいっしょに実現していく作業が大切ではないかと思います。そして、子どもたち自身でやれそうだとなったら、すべてをまかせてしまう。おそらくそんなことから、自律（立）心や自主性、友だちとの関係をつくっていくための協調性など、基礎的な素養を身につけていくのではないかと感じています。

ほかにも秋津っ子広場では、遊びにきた男子中学生らが、「自分たちで運営しますからやらせてください！」といって運営をまかせた「ストラックアウト」というまとあてゲームもありました。

また、秋津コミュニティの登録サークルに「ユニット９２３」というバンドがあります。七人のバンドですが、そのうち三人が現役高校生（結成当時）で、うち二人は秋津小学校の卒業生です。ジャズピアノやドラム、ベースを担当しています。五十代のおじさんがサックス、四十代のお母さん二人がシンセサイザー、ギターのおじさんが一人と、それに高校生三人です。その七人でバンドをつくり、コミュニティルームで練習をするようになりました。

ところで、くだんのバスケットリングの四万円は、いまだに返してもらってはいません。この青少年たちは、秋津の後輩の小さな子どもたちの面倒をよくみるようになってきたので、「マア、イッカ！」です。

高校生が世話役になり「秋津つりくらぶ」発足！

高校生が世話役になって発足したサークルに、「秋津つりくらぶ」があります。

この高校生は、じつは中学校では不登校ぎみでした。しかし、釣りが大好きでした。

ある土曜日の夕方、私たちおじさんが学校にいるところへ、秋津近辺の東京湾へそそぐ河口で釣りあげた大きなスズキを持って、彼がやってきました。自宅によらずに、です。なぜやってきたかはよくわかります。釣果を自慢したいんですね。おじさんらは、彼が中学生のときに不登校ぎみであったということはよく知っています。でも、そういう話はしません。

「○くん、すごいね！」とたたえながら、「何センチあるのか測ってみよう！」となりました。

すると、いちばん小さなスズキでも五十二センチもありました。さあ、ノリノリ団員さまがたは、もうほめちぎり作戦開始です。

「すごいねえ、一匹ならともかく、五匹も釣りあげるんだから。さすがに○くんだ！」

そこにすかさずべつのノリノリおじさんが、ゆっくりと、しかしハッキリと彼に聞こえるようにいいました。「う・ま・そ・う・だ・ね！」。

すると彼は、「じゃあ、いっしょに食べましょう！」とすぐに乗ってきました。ほめちぎり作戦大成功です。そうして、おじさんが刺身にさばいて、スズキはアレとともに、おいしく楽しくみんなの胃袋におさまったのでした。チャンチャン、と。

さて、それ以来、「○ちゃ〜ん、こんどおじさんたちにも釣りを教えてよ！」とことあるごとにいったところ、一九九八年五月の連休に「じゃあ、釣りに行きましょう！」となり、彼のリードで近くの茜浜に釣りにでかけました。最初は、人数があまり多くなってはリードする彼もこまるだろうからと、密やかに参加者を募ったのですが、それでも小学生からおじさんやおばさんまで三十人くらいになりました。

そのとき、参加者全員でひとつだけ約束したことは、「○くんを『先生』と呼ぼう！」ということでした。当日は、「先生！」「釣りの大先生！」と、子どもから大人までみんなが彼を呼び、気持ちよ〜く彼がリーダーになって一日、釣りを楽しみました。そして、すかさずその日に、彼に世話役になってもらって「秋津つりくらぶ」というサークルを結成してしまいました。今は大学生になり、静岡にいることから、大人の川名一男さんが世話役をしています。

そんな経験から私たちは、かならずしも中学校や高校に押しかけなくても、秋津に住む中学生や高校生と、同じ秋津の仲間として楽しむおじさんでありたいと思うようになりました。

在校中も卒業後も、小学校が「行きたい場所」に！

よく秋津以外のかたがたから、秋津の「中学校はどうですか？」と聞かれます。私は「秋津地区の中学生にはしっかりと対峙しているつもりです」と応えます。

どうも、中学「生」問題＝中学「校」問題ととらえられるふしがあるようですが、私は、小学校区に居住する中学生にも居場所の必要性があって、地域が居心地のよい場所として機能しているかがまず、重要だと思います。精神的に不安定になっても、「おい、だいじょうぶか」と声がけしあえるような環境かどうかは、生活者総体の問題です。そのうえで、学校（中学校や高校）が問われるのだと思います。

さて、「秋津実践は、卒業した中学生にとっても好影響を与えているんだ！」と思えるうれしい事実が、最近、数字のうえでもあきらかになりました。

白百合女子大学大学院生（発達心理学専攻）の滝瀬容子さん（卒業後、二〇〇三年度より千葉県のスクールカウンセラー）が、二〇〇二年度に秋津地区に通い、ものした修士論文「地域に開かれた学校における子どもの環境認知」のなかであきらかにしてくれました。滝瀬さんの了解のもとに、その部分を紹介させていただきます。

＊―習志野市立第七中学校に通う秋津小学校と他の小学校卒業生のなかから回答した合計九十九人（一～三年生）へのアンケートから（第七中学へは秋津小学校をふくむ三つの小学校から進学します。調査実施二〇〇二年）。

Q 放課後や休日に卒業した小学校へ行く一年間の平均回数

秋津小卒業生　一一・七七回
A小卒業生　五・六九回
B小卒業生　二・二一回
その他（転校生）　〇・〇〇回

Q　同じ中学生に聞いた、小学生のときに放課後や休日に小学校へ行った一年間の平均回数

秋津小卒業生　一一五・六三回
A小卒業生　四八・四四回
B小卒業生　二四・九〇回
その他（転校生）　三〇・〇〇回

ね！　うれしいね。ダントツに秋津の子どもは、卒業後に母校へ行き、また在校時には放課後や休日も小学校に来て遊んでいるんです。

アンケート結果について、滝瀬さんはつぎのように分析しています。

「秋津小の子どもたちは、……放課後や休日に小学校へ行けば、地域の人が数多く出入りしているので、地域の人ともふれあいが多い、と考えることができる。学校へ行く頻度が他校よりも高いのは、『学校』という場がそれだけ子どもたちにとって身近で魅力的であるからだろう。（物理的にも心理的にも、小学校が子どもたちの心理空間となっている可能性が高い）」

同時に滝瀬さんは、今後の研究課題をこのように記しています。

「今後、秋津で育った子どもたちが大きくなった時に学校で多様な大人とふれ合ったことをどう振り返り、地域とのかかわりが希薄な学校出身者と社会性などの面で差がみられるかなどと

いった追跡調査も望まれるのではないだろうか」

滝瀬容子さんに感謝をしつつ、「学校と地域の融合教育研究会」の会員仲間でもあることから、五年後くらいにふたたび追跡調査の研究をしてくれたらうれしく思います。ああ、楽しみ、楽しみっ、と。

「秋津っ子ガイドサークル」がご案内しま〜す！

二〇〇二年十一月十七日の日曜日、千葉県立の生涯学習研修施設「さわやかちば県民プラザ」の「ボランティアコーディネーター養成講座」の受講生のかたたちが、秋津コミュニティの視察にきました。そのさいのようすを、同プラザの研修課長（当時）として受講生らを引率してきた上農良廣さん（二〇〇三年四月から船橋市中央保健センター副主幹、「学校と地域の融合教育研究会」千葉県支部長でもある）は、こうレポートしています。

「私たちを出迎えてくれたのは、小中学生の案内ボランティアでした。感心しました。見学参加者総勢二十一人分のお茶の接待も、彼女たちが見事にこなしていました。大人の役員と彼女たちの案内で校舎内と校庭の陶芸窯、ビオトープ、農園や花壇、秋津コミュニティ発祥のシンボルである初代の飼育小屋から、二代、三代の飼育小屋づくりの説明と案内を受けました」

上農さんらを案内したのは、秋津コミュニティの三十六番目のサークル登録をし、この年の秋に発足した「秋津っ子ガイドサークル」の子どもたちです。

秋津っ子ガイドサークルには、子どもの部と大人の部があります。小学四年生から中学一年生まで六人全員女の子の子どもの部には、会長兼書記、会場係、進行司会と接待係があります。係の仕事や担当は、彼女たちで話しあって決めました。私をふくむ大人の部は、彼女たちに、これまでの学校と秋津地区のステキな記憶を伝えます。

発足のキッカケは、いつものようにこの子らとコミュニティルームで戯れていた休日のことでした。

「ユーくん（私の愛称）、きょう、見学はないの？」と私に聞きます。

「きょうはないよ。どうして？」と私。

「だって、見学があると、お菓子とかくれるじゃん！」とコイツら！

私は「そうか、コイツらお土産が楽しみなんだな！」と気づくと同時に、こう叫びました。

「おまえらな〜っ、大人だけに案内をさせないで、おまえたちもやれよ！」

すると、いちように「いいね！　いいね！」と乗ってきたのです。秋津のノリノリ団の大人の後ろ姿を見て育ったこの子らも、立派なノリノリ団員に成長していたのでした。

秋津っ子ガイドサークルの秋津コミュニティへの登録票に記された「目標」には、こうあります。

☆外部からの見学視察の方々からほめられるガイドになること。

☆ガイドを通して秋津のことを「ふるさと」と思えるようになること。

さて、そのガイド・デビューが、上農さんらの訪問だったのです。上農さんのレポートは続きます。

「大人と子どもたちが、自然に楽しくつどうことのできる場が秋津小学校と秋津コミュニティであったのだろうと思いました。秋津の方々は学校という公共施設を、自主・自律・自己管理をして生涯学習施設に変えてこられたんだなぁということがよく理解できました。学校の新しい機能を発見した今回の訪問視察でした」

この子たちは、その後もガイドをしています。評判は上々です。誕生二十三年目の新しいまち秋津は、「学社融合」で学校をさまざまな活動の拠点にしながら、子どもも「まちづくりの主体者」として大人と接しはじめています。

秋津においでのさいは、「秋津っ子ガイドサークルの案内を希望します」とご指名くださいね。それと、お土産も忘れないようにお願いしま～す！

子どものサークル「秋津モームス」の誕生！

「秋津モームスが、これから一曲歌いま～す！」

秋津小学校の四年生と五年生の女の子四人が、人気アイドル「モーニング娘。」の曲に乗り、振り付きで歌を披露しました。「披露された」のは、この日二〇〇二年九月二十八日土曜日に秋津コミュニティの活動視察に来られた栃木県佐野市のまちづくり関係者八人のおじさんたちです。おじさんたちは、コミュニティルームでの予想外の歓迎に大感激です。

秋津小学校コミュニティルームは、この時点の登録サークル数三十六ですが、秋津モームスのように、秋におこなわれる地域最大イベントの秋津まつりに出演するための自主練習の臨時利用や、団体にいたらない個人一人でも気軽に利用できることが特長です。ときには、卒業した中学生や高校生のクラス会などにも利用されています。

さて、秋津モームスはこの年の十月、晴れの舞台・秋津まつりの星空コンサートに出演し、秋津コミュニティの多くのおじさん・おばさん仲間からも喝采をあび、その後「秋津モームス」のサークル名で三十七番目の秋津コミュニティの登録団体になりました。

その登録票に、子どもの文字で書かれた「目標」はこれです。
☆劇やミュージカルで、たくさんの人が見にきてくれるようになること。
私は、たどたどしい文字で書かれたこの「目標」を見たとき、とてもうれしかったです。同時に、「秋津の子どもたちも、ついにここまできたか！」と感動しました。

「子どもの参画」のはしご

なぜ、私がいたく感動したかというと、秋津っ子とかかわるさいに私自身、つねに意識しているロジャー・ハートさん（ニューヨーク市立大学教授）の「子どもの参画の8段のはしご」を思いおこしたからです。

ハートさんの「子どもの参画の8段のはしご」とは、子どもがなにかにかかわるさいのかかわり方を八段階に区分して説明したものです。

最下段の「1―操り参画」「2―お飾り参画」から、順次、子ども自身の主体性が強まる段階に登っていきます。

「6―大人がしかけ、子どもといっしょに決定する」

「7―子どもが主体的に取りかかり、子どもが指揮する」

この6、7あたりは、先の「秋津っ子ガイドサークル」の子どもたちに当てはまるかなと思います。そして最上段の8段は、

「8―子どもが主体的に取りかかり、大人といっしょに決定する」です。

いかがでしょうか。「秋津モームス」にあてはまると思うのですが。さらにいえば、私はも

うひとつ上の段階に「秋津モームス」はあると思います。それは、「9―子どもが主体的に取りかかり、実現し、大人が巻きこまれる」です。

なお、「子どもの参画の8段のはしご」を収録しているロジャー・ハート著、IPA日本支部訳『子どもの参画』（木下勇・田中治彦・南博文監修、萌文社）の出版時（二〇〇〇年）に、私は「すいせん文」を書きました。参考までに一部を紹介します。

「参画のはしご」と「融合の発想」

今、秋津では、学校を拠点とした地域社会ぐるみの「融合プログラム」が三十ほども開発されています。そんな経験から、「子育て支援」ではなく「子育ち支援」と考えるようになりました。子どもたちも自ら伸びようとし、まちづくりに参画する主体者としての仲間だと実感できるようになってきたからです。

本書でハート氏は、「私たちの究極の目的は、学校および学校のカリキュラムをコミュニティづくりと結びつけることが当り前の教育概念になるようにすることである」と述べています。「秋津では当り前」になれたのは、ハート氏の「参画のはしご」から多くの示唆をうけたからです。

「学校を地域に開放すること」が、学校教育が間違いなく充実しまちづくりにまで発展することは、もはや疑いはありません。本書をとくに教育関係者におすすめする所以です。

習志野市・秋津コミュニティ会長　岸裕司

「お年よりとの交流が楽しい」と子どもがいう三つの理由

秋津は人口約七千三百人、世帯数二千六百のまちです。住宅戸数は二千四百戸ほどですから、一戸平均三人の核家族中心のまちです。働きざかりの三十歳〜五十歳代の比率は、四六・三パーセントと高く、まだまだ「若いまち」です。六十五歳以上のかたがたの高齢者率も、全国平均の一八・七パーセントをはるかに下回る九・三パーセントです（データはいずれも二〇〇二年九月現在）。当然、家にはお年よりは少なく、家庭では、子どもとお年よりとのふれあいはほとんどありません。

それでも、秋津では子どもとお年よりがふれあう学校の授業や地域の行事がたくさんあります。休校日でもなんでもかんでも学校を拠点にしてつどうことから、ふれあうチャンスも多くなります。

あるとき、私は子どもたちに尋ねました。

「秋津では、おじいちゃんやおばあちゃんとのふれあいが多いけど、どう思う？」

すると、いちように「楽しい！」とか「うれしい！」といいます。「もっとくわしく教えて」と聞いていくと、理由はだいたい三つに集約できます。

①おこらない、②せかさない、③はなしを最後まで聞いてくれる、です。

私は「う〜ん」とうなってしまいました。だって、現役の親がやりたくてもできにくいことではありませんか！　ついつい「早くやんなさい！」「あしたの用意はしたの！」「今、忙しいからあとで」……とかね。

この経験から、子どもとお年よりには「子ども時間」と「お年より時間」といった感性のペースがあって、しかもたがいに有用な仲間として引きあうのではないか、と気づきました。であれば、学校や地域で子どもとお年よりがふれあえるプログラムを、どこでも意図的に用意すればよいだろうなと思うようになりました。

さいわいにも、秋津はコミュニティルームの開設以来、比較的お年よりの多いサークルも活発に活動し、さらには授業での「学社融合」も増えてきました。私たち地域の生活者同士が、年齢をこえて交流できる場をもっともっとつくっていきたいと思っています。

さて、秋津小学校には、子どもと地域のお年よりがふれあうステキな授業を展開される先生がたくさんいます。今は他校に転任された渡辺勝先生から、以前に私がいただいた子どもの作文を紹介します。

ふくしセンターのお風呂

六―二　K（平成10年12月22日）

ぼくは、初めてのふくしセンターのお風呂に入ることにした。ぼくは、なぜかきんちょうした。お風呂場の戸を開くとこわそうなおじいさんがいた。

洋服をぬぎお風呂に入ると、とてもきもちがよかった。だが、これが目的ではない。その目的は、おじいさんの背中を流してあげようというのが目的だった。いっしょに入っていたしばさき君が体をあらっているおじいさんの所に行き「背中、あらいましょうか」と言った。そうしたらおじいさんもうれしそうな顔だった。それを見たおじいさんも「背中流して下さい」とおじいさんがいうようになった。ぼくもおじいさんの背中を洗ってあげました。

よくそうに入ったら、おじいさんたちが話かけてくれました。そして最初、きんちょうしていたのが、楽しくなってきました。

卒業記念に、渡辺先生が学級の子どもたちに「地域のかたがたが喜ぶ、なにかのボランティアをしない？」と問いかけて、あるグループは栽培したマリーゴールドの花の種を、地域のお年よりを中心に手紙を添えてくばり、あるグループは福祉センターのお風呂で背中を流したいといって実施しました。

その後に渡辺先生からお聞きしたのですが、この作文でおじいちゃんの背中を流した子どもたちのなかから、何人かが、中学生になってもときどき福祉センターに行っては、おじいちゃんたちの背中を流しているそうです。私は渡辺さんに「そんなステキなふれあいの継続を生む授業をしてくれてありがとう！」と心からお礼を申し上げたいです。そして、「茶髪から白髪までが息づくまち」にしていきたいと、強く強く思いました。

私は、秋津でのさまざまな子どもたちとのふれあいや経験から、たくさんのことを学びました。同時にそれなりのオヤジに成長させてもらったように思います。そして、「子どものコイツらも、立派なまちづくりの主体者なんだ！」という思いがいっそう強くなってきました。

秋津写真館

元気コミュニティ!

「ないなら創ろう!」校庭まるごと自然園づくり

お父さんたちを中心に校庭改造作戦、はじまる。ある日の作業メニューがトラックに張り紙された。1…大きな池・田んぼの穴掘り、2…宿根草の移植、3…小川上流部への盛り土、4…いらない土の運搬。大人も子どももシャベルを持って、土を掘る。トラックの荷台から「せーの」と力をあわせて大木をおろす。下右の写真は、大池に水が入ったところ。

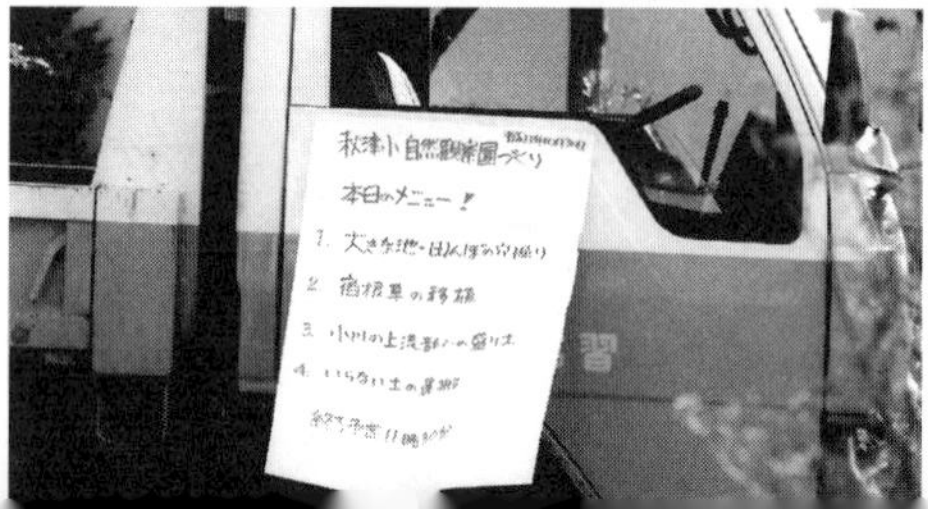

夏のコミュニティ・ガーデン

やがて校庭は、緑が生い茂り、小川が流れる庭になった。平日・休日を問わず、地域の人たちが立ちより、畑仕事をしたり、水辺をぶらぶらしたり。

左は、「うらの畑」のわきを通りがかりに、おしゃべりをする著者。角材をかかえ、手にはカナヅチが。


右…小川が流れ、田んぼにはあおあおとした稲が育つ。打たれた杭や橋、奥のほうに見える木製遊具も、もちろん手づくり。

下左…一面の緑。よく晴れた日、一人で、家族で、おもいおもいに過ごす。

下…これぞ人間ビオトープ?!　ビオトープの大池にはまって遊ぶ子どもたち。

「ひとり二センチ二〇〇〇人!」

手づくり・手掘りで井戸を掘る

巨大ひご車をつくり、支えを組みあげ、鉄の棒でどっかん、どっかん。途中、あと一息のところで鉄棒が地中深くはまってしまうアクシデントが発生。もういちどはじめから掘りなおした。「水だ！　水がでた!」、そのときの感動もひとしお。

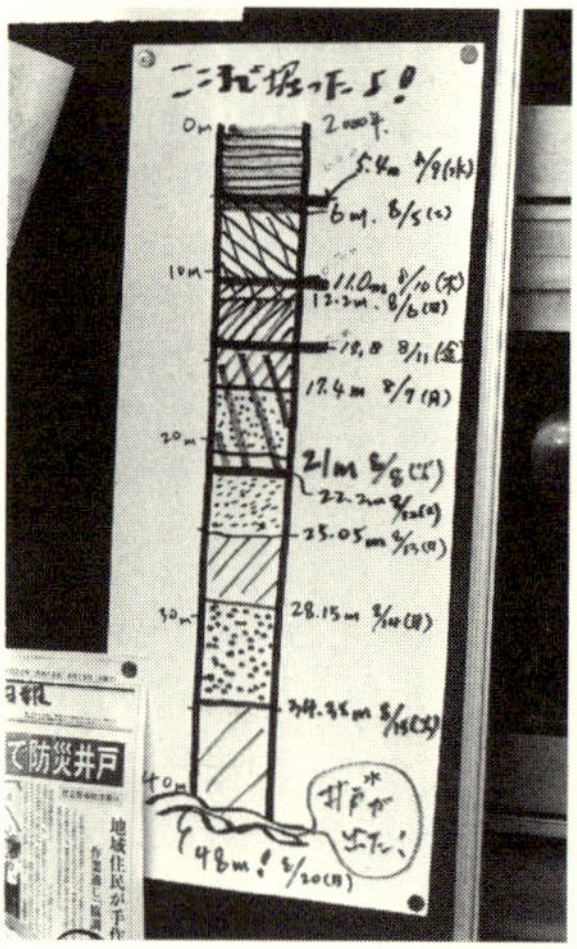

春の田植え・田んぼづくり風景。

井戸水を沸かしてドラム缶風呂

やっほー！　思わずパンツを脱ぎたくなるドラム缶風呂の威力、水遊びの楽しさ。これができるのも井戸を掘ったからこそ。左は「そろそろかな」と火の番をする子どもたちと、パンツ姿でスタンバイする著者。

5年生の通年授業、田んぼづくり・米づくり

地域のお父さんの指導をうけながら、田植えをおこなう。

大人も子どもも交ざる、交ざる！

行事でも授業でも、多様な大人と子どもたちがいっしょに活動する機会は多い。上は恒例になった、学校と地域の合同大運動会でのソーラン節。「どんつく」の生演奏と六年生。左は、運動会の競技道具係として出番待ちのお父さんたち。

下右は、秋津音楽亭での演奏風景。「ユニット923」は秋津小卒業生の高校生二人をふくむ、大人も交えた七人のバンド。

学校おはなし会での読み聞かせのようす。

子どもも若者も自主参画

左は、中高生たちによる「秋津ストリートバスケットサークル」のメンバーたち。

中段左は、秋津っ子バザーのようす。ちびっこ店主がずらりと店をだし、大盛況。

中段右の３枚は秋津まつりにて。上はパレードでの秋津幼稚園の子どもたち。

その下２枚は……「だれっ?!」、もはや子どもか大人か、おじさんなのかおばさんなのかわからない、お化け屋敷のお化けたち。

ご存知、劇団「蚊帳の海一座」

脚本・演出・舞台・衣装などすべてオリジナル。しかも毎年、新作を発表。

左は、コミュニティルームでの稽古風景。

下は野外劇上演。トイレを背負ったサンちゃん登場。

7 人とつながる菌、まんえんす！

――「よいこと循環」でネットワークづくり

感染すれば楽しさ倍増！　秋津菌と融合菌

前著を上梓したとき、その記念に、秋津やほかの仲間たちへ向け、大いなる愛をこめて私が創作し配布した『私家版・秋津キーワード100事辞典』（一九九九年四月、二百部限定発行）というものがあります。そこに書いた「秋津菌」「融合菌」について、抜きだして紹介します。

【3】秋津菌

「秋津らしさ」を病原とする風土菌の一種。感染すると治りにくく、症状が進むとあちらこちらに撒き散らさずにはおかない独特の症状をていする。

秋津地域を発生源とすることまではわかっているが、現在多くの学者が研究中の新しい創造菌であるらしい。

【96】融合菌

「感染するととても楽しい！」と感じることは、「秋津菌」と似ています。

しかし、「融合菌」は、「学社融合」のように「教育」または「学習」概念とセットになっていることが決定的に異なります。「教育」や「学習」があるので、「強制」がともなうからです。

そこで融合菌の感染には、必ず「楽しい！」と感じる方法とセットにして感染させる処方が必要です。ですから、融合菌を散布する時は「大人も子どもたちの授業のクラブ活動に参画するとイキイキして楽しいよ！」とか、「学校参画をしつづけると、定年退職後もカワイイ地域の子どもたちとふれあえて、家庭や地域が『寝る場所』から『暮らす場所』になりますよ！」などの、先行きが明るく展望できるような具体的な実践内容とともに伝えましょう。

二十一世紀は「融合菌だらけ！」の世紀になるように、楽しく融合菌を培養していきたいと思います。

感染広がるノリノリパワーの大人、ぞくぞく

秋津では、推薦されればすんなりと秋津小ＰＴＡ会長になると予想できるお父さんが、五年先までいます。事実、私が会長をつとめ、現在の伊藤知通会長までの過去十二年間に、十人の会長が、推薦されるとスーッと決まってきました。

「学社融合」やコミュニティの活動に参画するうちに、会社や仕事ではえられない楽しみと知りあいが増えたお父さんは、居住地が「寝に帰るだけの場所」から「暮らす地域」になるありがたさに気づきます。そうなると、すでに秋津菌や融合菌の立派な保菌者です。「推薦されたらＰＴＡ会長くらいやらなくっちゃ！」の心境になっています。

ＰＴＡ会長や役員を終えたお父さんたちのその後は、いっそう秋津コミュニティの活動にのめりこんでいきます。現在の秋津コミュニティ会長の橋村清隆さん、事務局長の桑名英一さん、

運営委員の種田祝次さん、副会長の立場昭彦さん、「デジカメ愛好会」世話役の小口昌志さん、「秋津パソコン倶楽部」の五十部純さん、「工作クラブ」世話役のひとりの坂本正樹さん、そして「うらの畑」サークルを発足し初代世話役を担った窪田正さんら、み～んな秋津小学校PTA会長経験者です。さらには、秋津まちづくり会議の役員までをも自然に担うようになってきています。

つまり、秋津コミュニティがコーディネートしての「学社融合」で学校にかかわり、その延長にPTA役員を担い、その後は秋津コミュニティに戻っていっそう修行（？）をつみ、さらには秋津のまち全体のことを担う立場に育つ、という循環システムになってきているわけです。

先に紹介した窪田さんはその後、大阪へ単身赴任になりました。そのことで、秋津とのかかわりは切れてしまったのでしょうか。窪田さんが社内報に書いた文章を了解をえて紹介します。一九九九年三月にメールで私に送ってくれたものです。

ネットワーク

パッケージング・ラボ　窪田

大阪での単身赴任はもうすぐ五年になる。月に一～二回、千葉・習志野の家に帰ると近くの小学校に行く。転勤前PTA会長を終えた時、校長にお願いして校庭の一部を地域に開放してもらい、だれもが参加できる菜園を始めた。産みの苦しみも少しあったが、今では「秋津コミュニティ」と名が付けられ、すばらしいリーダーを中心に余裕教室も開放してもらい、劇団や陶芸など三十以上ものサークルができた。高校生からお年寄りまでいろんな人達が出入りし、学区外からの参加者も増えている。授業のクラブ活動で教える人もいる。パソコン倶楽部の仲間はホームページを開設した。十二月からNTTが協力を申し出て十台のパソコンを持ち込み、インターネット教室を開いてくれている。私も顔を出し、菜園や木工をし、祭りや運動会等のイベントにも参加している。

土曜日の午後はたいがい飲み会になる。今の季節、天気が良ければ外で焚き火をしながら、家の冷蔵庫の残り物を持ち寄ったツマミと缶ビールで一杯が始まる。夜遅くまで続く事も多いが、差し入れも多くアルコールには事欠かない。この時の軽いノリで次にやることが決まる。やることが決まれば人集めは簡単。知恵も出る。いろんな職業・分野の人がいて、大概のことはなんとかなる。

大人が自分の子供とは関係無しに自由に小学校に立ち寄り、夕方はそこでビールを飲んだりしているなど信じられないだろうが、全く問題にされることがない。学校と地域の新しいあり方として見学者も多く、市長もお堅い教育委員会も大変好意的である。

今は電子メールでいつでもどこでも連絡できるようになり、リアルタイムに情報が入る。単身赴任で遠くに離れて住んでいる意識は無くなり、関西にも広げたいと思っている。

さて、入社以来、転勤・異動が多く出張も多かったが、いろんな仕事をやらせてもらう機会に恵まれた。迷惑をばらまき、成果をあげたとは言いがたいが、社内外に個性的で専門分野の異なる多くの人達と知り合うことができた。失敗が重なると新しいことにチャレンジする事にためらいが生じる。しかし、失敗も自分の財産と思えば過去の経験や知り合いが役に立ってくる。個人の知識・経験は僅かでも、ネットワークで人の力を借りれば結構増えて広がる。過去のネットワークを生かし、更に新しいネットワークが広がる楽しさも感じることもできる。

仕事や職場や住む所が変わると疎遠になりがちな付き合いを大事にし、これからの仕事にも生かしたいと思っている。

窪田さんは、二〇〇二年に単身赴任の任を解かれてふたたび秋津の住人になり、以前のようにともに楽しんでいます。

自分の楽しみのサークルが学校にあれば、赴任していても帰宅したときにはよることができるし、赴任が解けて戻れば、ふたたび時を超えて仲間から大歓迎されます。そんな「入り口」を身近な学校に多様につくれば、子どもとのかかわりからは人育てになるでしょうし、さらに新しいネットワークが広がれば、柔軟で愉快なまちづくりになっていくと思います。その拠点＝たまり場には、身近な学校が距離的にも心理的にももっとも親しみやすく、利用しやすい場所なのではないでしょうか。

新米ママも新参さんも、子縁をとおして仲よくしましょ！

一九九九年四月六日。第二十回目の秋津小学校入学式に、地域代表のひとりとして参加しました。六十七名の新一年生は、どの子もピッカピカに輝いています。ステキな合唱で新しい小さな仲間を迎えた在校生も、いつもの元気な秋津っ子らしい姿です。「どの子も元気に育ってくれよな！」という想いをあらたにしました。

私は新一年生の保護者に「孤独な親にならないで、いっしょに楽しく子育てしましょう！」の願いをこめたチラシ「子縁を通して仲良くしましょ！」を配布して、例年のように少し説明をさせていただきました。

この通称「子縁チラシ」には、つぎのように記しています。最新版から紹介します。

子縁を通して仲良くしましょ！　秋津コミュニティ&秋津小学校コミュニティルームのご案内

二〇〇三年四月八日

お子様の秋津小学校へのご入学、おめでとうございます。心よりお慶びを申しあげます。さぞや期待に胸をふくらませていらっしゃることと思います。

さて、秋津小学校及び校区は、「できる人が、できるときに、無理なく、楽しく！」をモットーにしながら学校と家庭・地域が融合して子育てを進める、温かくそして優れた特長を持っています。それは、秋津小学校と地域がつちかった長年の交流・連携そして融合の上に立ち、教育委員会のご理解のもとに、以下のような活動をしているからです。

1　秋津コミュニティの活動

秋津コミュニティは、「自助、共助、最後に公助のまちづくり！」を活動と運営理念にしながら、「秋津小学校区に居住・勤務されている方々すべてを対象に、一人ひとりの趣味やスポーツ・文化的な楽しみを、継続的に行えるように応援する、地域の諸団体で構成された生涯学習を推進する任意団体」です。

その発足は、かつて秋津小学校が市の「生涯学習研究指定校」になったことに始まります。現在は年間を通して、学校や他の団体との共催をふくめて、以下のような活動をしています。

①　秋津小学校コミュニティルームの管理・運営

②　秋津小学校と地域の大運動会（地域の部の企画・運営実施）

（③〜⑦活動紹介、中略）

などを「楽しみながら、一人ひとりが無理なくやれること」で参画・活動しています。

2　秋津小学校コミュニティルームの〈自主・自律・自己管理〉による運営

①現在四十以上ものさまざまなサークルや団体が登録して、自主的に活動をしています。
②サークルや団体にいたらない「私＝ひとりの個人」でも利用できます。
③登録しなくても、空いていれば臨時に利用できます（簡単な利用の手続きは必要です）。
④「利用の手引き」は、事務室兼小会議室（一階・昇降口横の部屋）に置いてあります。
⑤利用は、無料です。朝九時～夜九時まで休校日をふくめて使えます（盆暮れのみ休館です）。
⑥鍵は秋津在住者十五人が管理貸出ししています。被災時は避難所の学校にすぐに駆けつけます。

お父さんたちの工作クラブは、「不況にもかかわらず〝発注が多い〟」と喜んでいます。「うらの畑」は、野菜を無農薬で栽培したり九八年に亡くなった「お花のおばあちゃん」が育てた花の世話などを楽しんでいます。また、コンソートクラブ、合唱サークル、童謡サークル「赤い靴」、大正琴、どんつく、鼓舞太は、その成果を生活科や校内音楽会や秋津音楽亭などでも披露しています。ほかにも劇団「蚊帳の海一座」、英会話、朝鮮語会話のパラム（風）の会、パソコン倶楽部などの他、子どものリズムダンス、サッカー、野球、ユニホッケーなどのスポーツサークルも活発に活動し「自分のための生涯学習」を楽しんでいます。
☆いま、それぞれのサークルが、新会員を募集中です！☆
事務室に備え付けの「サークル・団体名簿」をご覧いただき、ご興味や関心に応じて自主的にご参加ください。明記のそれぞれの世話役に直接ご連絡ください。
◎子縁によるネットワークを広げる、チャンス到来です！◎
特に、お父さんにはお勧めいたします。長い人生、地域の仲間ができると二倍にも三倍にも楽しさが広がります！　秋津はそんなまちです。昨年度からは土曜休校日が増えましたが、総合型地域スポーツクラブ（NBS）やビオトープ横でのバーベキュー・パーティなどを楽しみましょう。
また、「秋津のまち紹介ホームページ」では、さまざまな情報を発信しています。きっと楽しい参加したくなることが見つかると思います。
「こんにちは〜！」と、ぜひお気軽においでください。お父さんたちは土曜日や日曜・祝日の活動が多いですが、平日でもほとんど毎日何らかのサークルがコミュニティルームで活動しています。大人も一緒に楽しみながら、秋津っ子の子育て子育ちも担いましょう！
＊私たち秋津の大人は「大人自身が楽しく生きなければ、子どもたちも楽しく生きることができないのではないか？」などと、時々はマジに話しあいながら「秋津小学校にこだわって、まず楽しむ！　視点」で遊んでいます。ぜひ、一緒に遊びましょ！

秋津コミュニティ会長兼秋津小学校コミュニティルーム運営委員長
おせっかいおじさん・橋村清隆　ほか一同より

子縁チラシの配布をはじめたのは、コミュニティルームが開設された翌年度からです。入学式で配布し説明するのは、仲間づくりのお誘いのためです。

学校というところは、子どもがいるから楽しいんだ。子どもがいるから、子のない大人もつながることができるんだ。孫と同居していない高齢者もふくめて「地域の人はだれでも子縁をとおして仲よくなれるんだよね」「学校をさまざまな活動の拠点にしている秋津って、いいところですよ」「その活動内容のソフトを開発し支援するのが秋津コミュニティで、活動の場が秋津小学校コミュニティルームですよ」という主旨を説明します。

文面で父親たちの学校参画の実際を認知してもらうことで、核家族の、とくに若いお母さんにメッセージを伝えたいと思っています。お子さんが小学校にあがると、夫は勤めにでて残された若いお母さんが、団地のコンクリートのなかでひとり孤独になるかもしれません。故郷からでてきて、まだ気のあう友だちもいないかもしれません。近年、育児ノイローゼからの児童虐待など、母子をめぐる悲惨なできごとも頻発しています。秋津でも対岸の火事にはしたくないのです。昼夜、開校日・休校日を問わず、学校に足だけ運べばさまざまな楽しいことがありますよ、提案もできますよ、その主体者のおひとりが「あなた」なんですよ、さあ、勇気をだして学校通いを楽しみましょうよ！　と呼びかけます。

同時に、チラシ配布をすることで、つねに地域にオープンであること、情報を公開しておくことと、公開した情報の説明責任をはたす運営を心がけている秋津コミュニティであることを伝えることも意図しています。

「親」でなくても学校へ行こう！

私は子ども三人が卒業してからも、長いこと秋津小学校に出没しては、ヘンなおじさん稼業をしつづけています。若いまちですが、それでもここ数年来、私のような、子どもがすでに巣立ったおじさん、お子さんがいないおじいさんやおばあさんたちも、楽しく通学するようになりました。それぞれに縁を育てながら、子どもたちに大人の学ぶ後ろ姿や、ときにはズッコケるさまをさりげなくみせています。

とくに「学社融合」の授業では、「親でないからよい」場合があるようです。親でないからどんな子どもにも平等に接することができる。親でないから距離感を保って過干渉しない。親でないから子どもや学校のプライバシーに踏みこまない……。そんな大きな心で子どもたちを見守れる特長が、親でないからこそあるように思います。

同時に、先に紹介した、子どもがいう「お年よりのよいところの三大特長」の「おこらない、せかさない、はなしを最後まで聞いてくれる」は、当のお年よりにとっては、「自分の孫ではないから、よい意味で緊張するのよね」であり、「孫ではないだけに、一生懸命話してくれる子どもの姿に刺激されて、『自分も真剣に聞かなくちゃ』っていう気持ちになるのよね」とのことなのです。お年よりにとっても「背すじがピン！」の、生きがいのようなのです。

一方、独身のかたやお子さんがいない若夫婦も、秋津コミュニティには増えてきました。若者劇団の「駄菓子屋本舗」や、市内の保育所・幼稚園につとめる保育士さんらの太鼓のサークル「鼓舞太《こぶた》」などのメンバーです。これらの若い人たちと学校の授業とのかかわりはまだまだ弱いので、秋津コミュニティがコーディネーターになっての開発が、今後の課題です。

「秋津だからできる」のか？

これまで、さまざまなことを学校を拠点にしながらやってきました。新しいことを加味しつづけ、スパイラル状に進化しています。今では、その継続から、学校づくり・人育て・まちづくりを一体のものとしてとらえておこなっています。

こうした秋津実践を知ったかたがたからよくいわれ、また質問を受けるのは、「秋津だからできたんですね」ということです。「秋津にはこんな条件・要素があったからできたんでしょう？」という質問の背景にあるであろう「特長・特徴」を挙げてみます。

〈秋津だからできたと思われる理由〉

1　新興のまちで古いしがらみがないので、斬新なことができたのだろう。
2　世帯主には同階層のサラリーマンが多いので、斬新なことができたのだろう。
3　岸のような（照れますが）コーディネーターがいるので、斬新なことができたのだろう。

また、学校側の特長・特徴にたいする「秋津だから」の質問があります。

〈秋津小学校だからできたと思われている理由〉

4　歴代の校長をふくむ教職員がよかったから、斬新なことができたのだろう。
5　秋津のまちの真ん中にあって立地性がよいので、集まりやすいからできたのだろう。
6　「余裕教室」があったから、学校施設の開放などの斬新なことができたのだろう。

さらに秋津のやっていることには、こんな「評価」が聞かれます。

〈秋津の「評価」の特徴〉

7　「学社融合」をやっていることがすごい。
8　教室や敷地、陶芸窯などを地域に開放している学校や行政がすごい。
9　教室（コミュニティルーム）に出入りする鍵を地域に預けている学校や行政がすごい。

これらが、おもなものだと思います。以下、順に私なりの回答をします。

▼7、8、9はすべて合法です。教職員、保護者や地域住民、行政関係者たちの「やる気」しだいだと思います。

▼4は、「そういう前向きなかたもいましたし、そうでないかたもいました」が、教職員、保護者や地域住民、行政関係者たちのやる気を引きだす仕掛けが必要であったことは確かです。とくに重要で、今日の学校と地域の関係をつくる原動力になった仕掛けは、つぎのようなこ

とでした。

一九八七年の「PTA規約の改正」（前著にくわしい）、九〇年度から三年間の「生涯学習研究指定校」、九一年八月に開始した飼育小屋づくりでのお父さんの学校参画、九二年一月に発足させた「秋津地域生涯学習連絡協議会」（秋津コミュニティの前身）の生涯学習組織の土台づくり、九二年四月の「クラブ活動」への地域のかたがたの参画の実施＝今日の「学社融合」システムの開発へのキッカケ、九五年九月の「秋津小学校コミュニティルーム」の設置＝各種の学校施設の利用者自治による運営のシステム開発へのキッカケ、九七年八月に「学校と地域の融合教育研究会」を秋津小学校で発足＝全国の仲間づくりと事例の交流を積み上げる組織の誕生、九八年十二月に「秋津のまち誕生二十周年記念実行委員会」を発足させて二〇〇〇年度に実施したこと、などです。

これらの具体的な仕掛けは、個々の教職員だけでも、また地域の人たちだけでもできなかったと思います。学社双方での仕掛けづくりをシステムとしてきたことが重要でした。
▼2と5の住民の年齢・階層や立地条件は、重要な要素だったのは確かでしょうが、「十分条件でも、必要条件でもない」と思っています。なぜなら、この条件のまちはほかにいくらでもあるからです。
▼6の「余裕教室があったから」については、逆に、「余裕教室さえあればできますか？」という問いかけが生まれます。私はやる気さえあれば、「余裕教室がなくてもできる」と思っています。物理的なモノの開放は、時間帯によって譲りあう「タイム・シェアリング」を導入すればよいと思うからです。秋津もコミュニティルームの開設まえはそうでしたから。
▼1の「新興のまちだったから」は、4の回答に似ています。どんなまちにも、前向きな人も

いれば、後ろ向きな人もいます。まちを変えるのは、そこに暮らす一人ひとりの「わたし」です。いくらまちが新しくても、暮らすみんなの頭のなかが斬新とはかぎらないのです。秋津も例外ではありません。むしろ、新しい頭（考え方）の人＝風の人、古い頭の人＝土の人との折りあいによって、新しいまちは創られていくのだと思います。

風と土とで「風土」を創るととらえれば、土には土になるまでのよさがあるし、風には外から流れこむ新鮮な空気があります。しかし、えてして風の人は、「ここは古いしがらみのまちだから」と怒りがちです。それでは、古い土地にもかならずいるはずの「頭が風の人」と出会えなくなってしまいます。まず、たがいによいところを見つけることからだと思います。

▼最後に3の「コーディネーターがいるので」については、私をふくめてコーディネーターを担った何人もの人たちがいることは事実です。でも、「あなたにもできる」と私は考えています。ただし、そのための発想法とシステムづくりが必要と思います。

どこでもできる発想法とシステム——融合研はなにをめざすのか

私は秋津でできたことは、どこでもできると思っています。思っているからこそ「学校と地域の融合教育研究会」を発足させました。秋津で発足した「学校と地域の融合教育研究会」（融合研——宮崎稔会長、私は発足時より副会長のひとり）では、秋津もさまざまな事例を学び、かつ秋津のよいところをよい意味で真似のできるものにしたいと思っています（「真似をしたくない人もいるんだからね！　フン！」と、またまたワイフの声）。

そんな思いから学んできた現在の結論は、4章で述べた「融合の発想」と「学社融合」をもってすればきっと、どこでも、だれでも、できる！　ということです。

簡単にいえば、「どんな人でもかかわる相手のメリットを考えながらやっていこうよ、そして自分にもメリットをね！」です。

くわえて、かかわりあう双方にメリットを生みだす仕掛けづくりをする「コーディネーターの養成」が必要だと思います。そのコーディネーターをあなたが「めざす！」のであれば、ぜひ融合研の仲間になっていただき、いっしょに研究したいと思います。

融合研設立五周年記念の主催大会を二〇〇二年八月上旬、福岡県で二日間にわたり開催しました。テーマは「さあ本番！　学社融合の教育創造――子どもがつなぐ学社融合」です。

寺脇研さん（前文部科学省審議官、現文化庁文化部長）に、今回も基調講演をお願いしました。

講演で印象深かったことは、「もう学社融合は当たりまえ」「みなさんは、学社融合の先にあるものを研究してください！」と話されたことでした。融合研大会での寺脇さんの講演は、発足翌年の第一回大会から、毎回の五回目になることから、「学社融合」の実践で交流し研究している私たちへの激励の意味もあったかと、うれしく思いました。

また、秋津小学校は、「コミュニティ・スクール」への展望を探る「新しいタイプの学校運営の在り方に関する実践研究」の指定校を、文部科学省から受けています。その委員として私が提案した「コミュニティ・スクール」のイメージ、私が「学社融合の先にあるもの」として思い描く二十一世紀の理想の学校像は、この二つの学校の姿です。

1　住む人も働く人も、だれもがいつでも学べる、生涯学習のコミュニティづくりに寄与する学校。
2　住む人も働く人も、だれもが安心で安全な、ノーマライゼーションのコミュニティづくりに寄与する学校。

平たくいえば、働く教職員も地域の生活者も、だれもが「あってよかった○学校！」と思える学校像です。

今、融合研には、そんな想いをもって実現に向かうべくつどう仲間が、全国いたるところに四百人以上います。その職域も、学生、大学の研究者、教員（管理職から新任教員まで）、医者、僧侶、議員、文部科学省の職員、県・市区町村の行政・教育委員会の職員、公民館職員、社会教育委員、主婦、町会・自治会関係者、建築家、まちづくり関係者、青年会議所会員などなど、多彩な人びとがつどい、学びあっています。まだまだ少数かもしれませんが、心強く思います。

融合研では年に数回のフォーラムを開催し、「学社融合」の理論と実際の進め方、「学社融合プログラム」の開発や「学校施設の地域開放」の方法、「総合型地域スポーツクラブ」の創設の仕方、「学校を拠点にした生涯学習やコミュニティづくり」などを事例にそって具体的に研究しています。また、会報『ゆうごう』も年に四回発行しながら普及活動をおこなっています。詳細は、融合研ホームページ（奥付にＵＲＬ）をご覧いただきたくお願いします。

COLUMN—4

Q&A 仲間づくりのツボどころ

考え方や立場の違う人といっしょにやっていくために

よく尋ねられるおもな質問をQ&A式でまとめました。

Q いろいろなことに反対意見はなかったのですか?

A. あるに決まってます! でも、コトを仕掛けるさいに事前に反対意見を予想し、相手のメリットを先に考えて前面にだす「融合の発想」をもって問いかけ、まとめてきました。また「ただ反対!」の人の意見は、いずれ受け入れられなくなるものです。多くの場合、建設的な代案がないからです。

Q 「教えてあげてんだからネ!」といばり、わめきちらす、ひっかきまわす……そういう人をどう受け入れ、つきあったらいいのでしょうか? しかも年上だったりしたら。

A. 「私の幸せアナタの不幸せ」、でも明日になったら逆の立場もありえるのが、「顔をつけあわせて暮らす地域の生活者仲間」です。まずは「こっちはいつも頭を下げてニコニコしつづける」こと。そのうち、「若い者もなかなかいいね!」などと態度がコロリと変わることもあります。よいことなら、かならず認めてくれる人が増えるので、いずれ形勢は逆転します。気長につきあうことです。

Q 「成果」を、やった人だけのものにならないようにしながら、有機的に協力をしていきたいのですが、これがなかなか……。

A. 秋津では、なにをするのも強制しません。自由参加です。ですから、特定の人だけが一生懸命にやっても、だれもほめたりしません。「その人が楽しいからやってるんじゃない?」

の感覚です。とはいえ、一生懸命の姿には、そのかたを認めると同時に感動もします。そんな感覚は、だれもが欲しているものと思います。

リーダーは、すばらしいことをした人を、「○さんってさー、スゴ〜イね〜っ！」と、みんなのまえでほめちぎりましょう！　みんなのまえで、が大切です。きっとその人は、「仲間にもおすそわけしよう」という心もちになっていくと思います。とくに新人さんは意識してほめたいものです。新参であるがゆえに緊張していますから。「私も仲間になれた！」と思えるよう新人を立てることも、リーダーの役割と思います。そうやって「よいこと循環」をしていきます。

Q　仕事をもちながら運営するうえでの苦労は？

A．「楽しいことしかしない」「苦労と思うことはしない」の理念でやってきましたので、苦労話はありません。ただ、さまざまな工夫はしました。たとえばPTA会長時には、学校責任者の校長との早朝二人会議をし、仕事を休まない工夫をしました。「仕事に支障をきたさないPTA会長」になることで、後任がでやすくしました。事実、以後はふつうのサラリーマンお父さんのPTA会長が続いています。

また、会議などでよぶんな時間をかけないように、事前に議題を配布するようにして、効率をよくする工夫をしました。各団体にも呼びかけて、代理出席を認めてもらう工夫もしました。ひとりに過剰な負担がかからないようにすると同時に、「どこの会議も金太郎飴のように同じ顔ぶれ」にしないよう、いろいろな人の少しずつの出番づくりの工夫をしました。そうやって、たくさんのリーダーの顕在化をはかる「多頭制」を創りました。みんながリーダーですから、ひとりで苦労を背負いこむ必要がなくなります。

Q　「いい会議」ができづらくて。どうしたらいいでしょうか？

A．議論が散漫になったり、内容とずれた個人批判になりそうになったりしたら、「話を戻そうよ！」「今は○の話しあいをしているんだからさ」と、ジャッジをいれることです。こんな経験を何度かしていれば、「ここはこういう習慣の人たちの集まりなんだ」と理解する人が増えてきます。そういう人が増えれば増えるほど、実のあるディベートができる人たちのネットワークが形成されます。
会議の外での意見はいっさいとりあわないことも大切です。よく、ＰＴＡの会議後の「下駄箱会議」がありますよね。そこでの意見をとりあげはじめたら、なんのために時間をさいて会議をしたのかわからなくなるからです。
ディベートをする大切さは、「あることについての意見は違うけれど、人格までを否定するようなことではない」という関係性を築きあげることにあります。そうやって折りあいをつけられる個人を増やすことが、顔をつけあわす同士が住むまちづくりには大切だと思います。

Q なにかを決定するさいの工夫はありますか？

Ａ．「多数決」を使わないようにしています。ＰＴＡでも秋津コミュニティの会議などでも、です。みんなの総意を大切に大切に育てあげ、そのうえでコトをおこなうようにしてきました。多数決を安易に使うと少数者を顕在化させ、しかもその少数意見を排斥することになるので、地域生活者同士のなかでは使わないほうがよいと思っています。行政では税金を使うことから、多数決原理が当たりまえのシステムです。でも、そのシステムに慣れると、いやらしい人になってしまうと思います。だからこそ、行政のかたがたも、ぜひご自身の生活エリアでの活動をして、「生活者の発想」と「行政の発想」を行ったり来たりしてほしいと願います。

Q 「できる人が、できるときに、無理なく、楽しく！」方式で、新しい人や若い世代にうまくアピールするコツがありますか？

Ａ．まず「あなた」が楽しいことをすることです。それと、あなたをふくめて三人のやりたがり屋の人とつどうことです。「三人のやりたい人」の背後には、それぞれにもう一人くらいずつ、誘えそうな人がいるはずです。そうすると六人ではじめられ、最初から分業体制になります。そのうえで、若い人にもアピールできそうな内容を無理のない範囲で加味するとよいです。
それでもし人が集まらなくても、あなたは楽しめるのですから、余裕しゃくしゃくです。キッカケとして、子どもが楽しめるイベントなどもいいですね。子どもをゲットすれば、その保護者はイチコロです。

Q 「できる人が……」の内容について、運営費や資金の提供、時間の提供、機動力、

発想など、いろいろあると思いますが？

A. 運営理念が「自主・自律・自己管理」「できる人が、できるときに、無理なく、楽しく！」「まず自助、つぎに助けあっての共助、最後に公助のまちづくり」ですから、参加者に「提供」という感覚はありません。自分にあるものを、自分の楽しみとして発揮すればよいのです。たとえば、私は、着想や新イベントなどのアイデアをだします。あるいはこの本を書くことだって、読者のなかに「秋津は子育てしやすいまちだから、引っ越そうかな？」と考える家族が生まれて、まちの活性化につながるかもしれませんから。

また、費用は原則、受益者負担です。サークル活動にともなう費用はすべて各自の自己負担です。自分の楽しみや学びですから当たりまえです。

Q ビオトープの造成費用などは、どう捻出したのですか？

A. ビオトープの着手金五十万円は、当時の宮崎稔校長の論文が、第四十六回（九七年度）「読売教育賞地域社会教育部門」で最優秀賞を受賞した賞金です。たりないぶんは三十万円ほどPTAや学校からでました。土や資材の運搬トラックや、大きな穴掘り用の機材などはほとんど、土木会社などの篤志でやってもらいました。「公的な学校において地域の人たちが無償でおこなうこと」には、まだまだ、社会や個々の会社（の社長など）は心やさしいと思います。

ほかに、二〇〇〇年度におこなった井戸掘りをふくむ「秋津のまち誕生二十周年記念」の七つのイベント費用合計二百三十万円のうち百万円は、財団法人日本財団に応募して「人づくりまちづくり」の助成金をもらいました。残りは秋津まちづくり会議主催の秋津まつりの剰余金を三年ぶん貯めてまかないました。また、二十周年の盛りあげと資金集めをかねて、一九九九年度から毎月一回、学校のロータリーで「バザーと子どもの遊びの広場」を開催しました。

いずれにしても、秋津では自前が当たりまえです。行政には求めません。大切なことは「やりたいことが先にあること」です。楽しくて意義があれば、お金はなんとかなります。なんてったって人件費がかからないのですから、安い安い！

Q 保険についてはどのようにしていますか？

A. 保護者はPTA保険を適用します。それ以外のかたは習志野市民全員が対象の「ボランティア保険の加入者」に、市の施策としてなっていますから、なにかがあれば適用します。たとえば、工作クラブのお父さんが学校の飼育小屋などのモノづくりでケガをしても適用されます。実際、そのような適用もありました。

さらに、「学校と地域の合同大運動会」ほか、主催者のことなる秋津のイベントが年間いくつもありますが、それぞれなんらかの行事保険にそのつど加入しています。保険代は原則、受益者負担です。お年よりについては民生委員がとりはからっての社会福祉協議会負担の保険を適用します。

要は、保険加入は当たりまえではあるけれど、問題はお金（保証）ではない、という意識づくりがもっとも重要です。保険のことや責任の所在、管理の問題でぐずぐずして「取りやめ」になったりしないように、クリアできることはリーダーや実行委員が先回りして準備をしてから、みんなに提案をするとよいと思います。

Q 「昔あそび」など子ども向けの会を地区の会館で毎年おこなっていますが、参加者が少ないのが悩みです。なにかいい手はありますか？

A. 近くの学校や幼稚園・保育所などに声がけをして、そこに出向いておこなってみてはいかがでしょうか。仲介役は、町会長や役所の担当職員にやっていただいてもよいと思います。そうすれば、以後、地区の会館に通ってくる子もでてくるかもしれませんね。来てもらう工夫のひとつに、「出向くこと」も加えると効果的です。待つだけでは展望がひらけないこともあると思いますので。

また、学校と「融合」するには、今がチャンスだと思います。二〇〇二年度から実施された「総合的な学習の時間」を充実したいと考えているからです。出向けば、「これさいわい！」と歓迎してくれると思います。

Q 秋津地区の公立中学校はどんな感じですか？　また近隣のほかの学校は？

A. 秋津小学校をふくむ三つの小学校の卒業生が進む第七中学校があります。元気な中学校です。習志野市では、市教委が市長の要請で策定した『学校と地域社会との連携に関する報告書――地域の風がいきかう学校に』を推進中です（「おまけの資料編」にくわしい）。

さらには、秋津小で秋津菌に感染した先生の転任によって、変わってきた市内の学校も増えてきました。全市的に、少しずつですが「学社融合」は普及していくだろうと感じています。

ちなみに秋津小は、市内十六の小学校のうち、後ろから三番目にできた「ブービーみたいな学校」で〜す！　ものすごく手前ミソですが、秋津の卒業生は元気で明るいと評判です。また、秋津小卒業生の保護者は、ＰＴＡの役員や各種の行事への参加もよいようです。

Q　役所や行政の協力をうまくえるコツは、具体的には？

A.　一般的には行政関係者や管理職は、先例のない事業は失敗を恐れるために取り組みにくいようですから、失敗の可能性の事項を予想して、こちらが引き受ける心づもりをすることや、失敗しない安心感をもたれるよう準備することが大切です。うまくはじめられれば、行政はやめさせることも苦手なので、以後、ずーっと続けることができます。

また、行政に要望をするさいに「トップダウン」（首長・議員や教育長などから指令を下ろす）ではなく、担当のかた、たとえば係長クラスのかたにていねいにお願いするほうがいい場合もあります。「課内のこと」として検討してくれますし、そのうえで「仕事にしよう」となれば、たとえ担当が変わっても行政施策として続きやすいです。逆にトップダウンは、下の人が「しかたがなくやること」になりがちで、上が変われば続かない可能性もあるので、注意が必要だからです。

また、要望のさいには「隣の市町村の事例」はださないほうがよさそうです。だれでもそうですが「隣はやっているんだから」といわれると、反発したくなるものです。そんなときは、たとえば人口が同程度の他県の自治体の例をいくつか調べて、その事例をもとに交渉するとよいかもしれませんね。

8 市民と行政、どっちもうれしい生涯学習コミュニティづくり

――二十一世紀のまちと人と学校機能

「病院通いより学校通い」のお年より

秋津のあるお年よりがいいました。

「このごろ血圧が安定して薬を飲まなくなったの!」「朝早く薬をもらいに病院へいって長い時間を過ごすより、学校にきて子どもの笑顔の薬をもらったほうが健康になるみたい!」

それを聞いて、私はうなりました。この事実は、現在進行中の少子高齢社会を明るく展望するうえで、とても重要な発見でした。つまり、多くの元気なお年よりが少ない子どもを見守れるコミュニティづくりになるばかりではなく、医療費の縮小＝社会資本の節約につながると思ったからです。

また、あるかたはいいます。

「敬老の日に子どもたちのお遊戯を見せていただくのもうれしいけれど、自分の趣味や楽しみをいっしょにできるほうが、いかされているって感じるのよね!」と。

「お客さん」でいるよりも、いっしょに楽しむ「仲間」のほうが、生きがいを感じられるのです。たとえば大正琴や民謡など、学んだ成果を子どもたちに披露したいと思うお年よりも増え

てきています。学んできた成果を還元することで喜ばれ、いっそう向上しようと励んでいけるようなのです。これらのお年よりは、生涯学習の体現者であり、生涯学習コミュニティづくりの立派な主体者でもあると思います。

今の日本は、人類未踏の人生八十〜九十年時代に突入し、六十五歳以上の人口に占める要介護認定者率は、一二・八パーセント（二〇〇二年五月末、厚生労働省）だそうです。だから高齢社会は暗く語られます。しかし、逆に、「八七パーセントのお年よりは、基本的に元気に生活している人なんだ！」ととらえると、まったくべつの地平が見えてきます。お年よりだからといって、保護されるだけではなく、ご自分の楽しみや学びをしつつ、それをいかせる場が必要なのだろうと、秋津の何人ものお年よりを見て思います。他人が喜んでくれることで、自分を有用な存在として確認できれば、要介護になるような状態をどれほど遅らせることができるか計りしれません。当然、医療費の安いまちづくりにもつながります。

秋津では、結果として、その場が学校でした。学校であれば、子どもの笑顔がいつでも迎えてくれますから。

六十四歳、役者で活躍！　嶋村さんのイキイキぶり

二〇〇〇年の十一月、野外劇でのこと。特設した野外劇場の暗闇から、校庭の小山や木々をぬうように、スポットライトに照らされて、背中にトイレを背負った初老の男がよろけながらあらわれました。役名サンちゃん。

「自由な心の旅人。自分のすべてを背負って歩き続ける山頭火の句だけしか喋らない。彼の道は真っ直ぐだ」と、サンちゃんの役柄が観劇チラシに紹介されています。

演ずるのは、おなじみの嶋村清一さん。嶋村さんは、劇団「蚊帳の海一座」の座員になった九八年に、無法松のようなヤクザの親分役でデビュー！　今回で三度目の舞台です。

今、六十四歳の嶋村さんは、劇団入りの理由を私にこう話しました。

「仕事を引退して好きなことをやろうと思ったんだけど、あんがい見つからないんだよね。ゴルフもひとりじゃつまんないしね」「そしたら、演劇の稽古を楽しそうにしているじゃない！のぞいてたらさー、嘉民さんが誘ってくれたんで、一も二もなく入れてもらったんだよ！」。

そして「今じゃ、すっかりハマッチャッタよ！」と、第二の人生を芝居に賭けているようでした。

嶋村さんは、毎週土曜日夜の芝居の稽古には、コミュニティルームにいちばんのりでやってきます。そして、黙々と掃除をします。

あるとき、そんな姿を見かけた私が「嶋村さん、早いね！　ひとりで掃除してんの？」と声をかけると、「新人だからさ、早くきて掃除くらいしなくっちゃ！」といいました。ご自身の人生をいくつになっても前向きに切りひらくその謙虚さに私は感動し、心のなかで拍手を送りました。

トイレを背負った役者・嶋村さんの芝居を観た子どもたちは、それ以後、嶋村さんを見かけるとはやしたてます。「あっ、サンちゃんだ！　サンちゃ〜ん！」と。嶋村さんは、いつものニコニコ顔をうれしそうに返します。

そんな嶋村さんの最近の語録から紹介します。

「もォ、忙しくてしょーがないよ！　けど、楽しくってさあ！」「今までの仕事関係のつきあいはなんだったんだろうね」「いろんな団体とのつきあいなんかもあったから、ものすご〜くお金を使っていたんだから」「ここは、千円でまるまる一日楽しめちゃうんだからね！」

「なが〜い定年後」の生きがいは、さて、どこに？

今、国を挙げて「生涯学習社会をつくっていこう！」と懸命です。文部科学省が社会教育局の名称を生涯学習局と変えたのは、一九八八年（昭和六十三年）でした。九〇年には通称「生涯学習振興法」が制定されて、「国を挙げて生涯学習社会をつくっていこう！」との理念からその施策の具体化がはじまりました。極端にいえば、「胎教から、あす亡くなるかもしれないお年よりまでが、いつでもどこでも学べる社会を」となったのです。

このような考え方は、どんな背景からうまれてきたのでしょうか。私なりに考えました。

まず、私が男性なので、男性の例を調べました。男性の平均寿命は約八十歳になりました（正確には七八・三二歳、ちなみに女性は八五・二三歳。二〇〇二年・厚生労働省）。

そこでいきなりですが、読者に質問します。いずれも答えを読むまえに、ぜひ予想をしてみてくださいね。

Q. 今からおよそ八十年まえの一九二〇年（大正九年）、男性の平均寿命は何歳くらいと思われますか？

予想＝①七十歳前後　②六十歳前後　③五十歳前後　④その他

ヒント＝中間の一九四七年の男性の平均寿命は約五十歳です。……失礼、これはトリックです。敗戦直後ですから参考になりません。一九二〇年はわりと安定していて、もちろん圧倒的な第一次産業の時代。そして、当時の文部省が「通俗教育」という名称を「社会教育」に改めた年でもあります。「通俗教育」時代は、思想善導や公民教育の強化などをおこなっていたそうです。さて、そのころの男性の平均寿命は？

A. 六十一歳です。したがって予想の②がアタリ！

約八十年間に、男性の平均寿命は約二十年のびたことになります。喜ばしいことです。

Q. 同じ一九二〇年（大正九年）の男性の定年年齢は、何歳くらいと思われますか？

予想＝①五十五歳前後　②五十歳前後　③四十五歳前後　④その他

ヒント＝農林水産業従事者がまだまだ多い時代ですが、それでも農協とか役所とか大会社とか、定年をさだめている事業体がありました。当時、定年後（老後）はどれくらいだったかを想像しつつ、定年を予想してみてください。

A. 五十五歳です。したがって予想の①がアタリ！

さて、今の定年はだいたい六十歳くらいです。現在の男性の平均寿命八十歳・定年六十歳と、八十年まえの平均寿命六十一歳・定年五十五歳をくらべて、どんなイメージをもたれるでしょうか。また、生涯学習との関係からは、どうでしょうか。

一九二〇年ごろ、五十五歳で定年になったある男性は考えます。「さあ、一生懸命に働いてきたし、女房にも面倒をかけたから、定年後はいっしょに温泉巡りでもしよう！」なんてね。ところが、計画しているあいだにあっというまに六年がたち、あの世へいってしまうのです。べつのいい方をすれば「ピンピンコロリ」の時代です。そういう時代が、ついこのあいだまであったのですね。

さて、八十年後の今、定年を迎えた男性が、同じように「さあ、女房と温泉へいこう!」と考えます。こんどは温泉巡りの計画を立てる時間も、実行する時間もたくさんあります。ところが、です。

愛する女房様に「旅行をするときは、だれと行きたいですか?」と聞くと、アララ! です。一番目は「仲のよい友だちと行きたい」。二番目は「子どもと行きたい」。やっと三番目に「ダンナと……」だそうです。アンケート結果が報道されていました。

つまり、それほど夫と妻とでは意識がズレてしまっているのです。ズレたまま定年後の二十年間を生きなくてはならないのです。妻には人生でのおつきあいが地域にできています。子どもがいれば「子縁」もあります。自分のやりたいことも山ほどあります。子どもはもうとっくに社会人になって、自分の生活があります。お父さんの面倒はみていられません。もちろん「老老介護」ということばがあるくらい、すでに高齢の息子や娘が老いた親を介護する時代でもあるのですが。

さてさて、定年後の家庭。きょうも出がけに奥さんは、〝サンデー毎日〟で所在なげのダンナさんにこういいます。「お父さん、きょうも千円でやってね」。老夫は千円をテーブルに置かれ、ひとりぼっち。しかも地域社会にいくところがない状態。それまでに「地域での居場所」をつくってこなかったからです。

長生きすることはすべての人間の希望です。私たちの先輩ががんばって食糧を増産し、なによりも医学を発展させて乳幼児をはじめ病気による死亡率をぐんぐん下げてきたことが、寿命をのばしてきた要因です。日本は世界がうらやむほどの長寿国になりました。ところが、六十歳で定年して、あと二十年間を楽しく生きるためのノウハウや仕組みを、この八十年間のあいだにじつは築いてこなかった結果の姿が現在だと思うのです。

しかも、この先も少子で高齢者が多くなる社会が続くと予想されています。もうすぐ高齢者率二十パーセント、百人のうち二十人が六十五歳以上になるそうです。世界いちばんのりです。どこにも先例がないということです。

そうしたところに、「少ない若者が多くのお年よりを支えられるようにしよう」と文部科学省が意図して、総合的な学習の時間で「福祉・ボランティア学習」をあえて例示する必然があったのだと、私は思います。

問題は定年後だけではありませんが、こうした社会のなかで一人ひとりが「〝わたし〟の生涯」を、どのように送るのか、ライフスタイルを考えることと仕組みをつくることが急務であると思います。そのひとつの価値として、「だれもが生涯にわたって学びつづけられる社会に変えていこう！」ということを、国の意思として推進しているのが「生涯学習コミュニティづくり」であるととらえています。（この項の参考文献＝岡本祐三著『高齢者医療と福祉』、岩波新書）

生涯学習コミュニティと「開かれた学校」はセットで実現可能！

ところで、学校・教育界で「開かれた学校をめざして」といわれるようになってから、どのくらいの年数がたつでしょうか。私が意識しだしてからでも二十年はたつと思います。最近では、よりひんぱんにいわれるようになりました。しかし、いわれつづけて二十年もたつということは、学校が開かれていない証拠。開かれていないからこそ、いわれつづけているのでしょう。

そこで、なぜ開かれた学校にならないのかを考えると、開く側の「学校」（そこで働く教職員や、教育委員会内の教職員を指導する担当部署の職員）が、開くことのメリットを感じていないからではないか、と思えてなりません。同時に、管理責任の問題や、開くことによって事件やまずいことが起きるのではと恐れるからではないか、とも思います。

一方、生涯学習に関する文言が聞かれるようになって、やはり十五年ほどがたちました。

その間、長寿社会を背景に「学んだ成果を社会に還元したい」「還元しながらさまざまな人とふれあいたい」「ふれあうことによって有意義な人生をまっとうしたい」と、他人や社会に貢献しつつ自分の有用感を満たす場をえたいと思う人びとも増えつづけています。

これまで、生涯学習社会へのコミュニティづくりを推進してきたのは、公民館など学校の「外部」の社会教育でした。生涯学習を担う行政機関は、教育委員会の社会教育部署（最近では「生涯学習部・課」と名称を変更した自治体も増えています）や、まちづくりの観点からの首長部局であったと思います。いずれにしろ「生涯学習は、学校教育や教育委員会の学校教育部署とは切り離しておこなうもの」というのが、これまでの常識でした。

そのことは、「学校教育法」と「社会教育法」の二つにわけて推進されてきたこれまでの教育行政総体のあり方から、無理からぬことだなあとも思います。とはいえ私は、長年の秋津での実践や、融合研で各地の事例を研究し交流するうちに、「生涯学習コミュニティづくり」と「開かれた学校」はセットで実現できると確信するようになりました。

そして、それをめざして推進するための要素は、つぎの三つではないかと考えるようになりました。

一つめは、義務教育の小中学校の子どもたちも生涯学習の主体者であることを認識すること。

二つめは、学校を開こうとする側にメリットを生み、同時にデメリット（リスク）をも解消するような方法で推進すること。

三つめは、「学社融合」の理論と方法を用いること。

学校教育も社会教育も生涯学習にふくまれる

秋津コミュニティのサークルは、校区内にある新習志野公民館もよく利用しています。コミュニティルームも使いますが、公民館も利用しているのです。併用する理由は、「利用価値が違うから」といいます。

たとえば、大正琴サークルは、発表会まえに集中して練習するときは公民館を利用します。公民館は意識を集中させて練習をするのに向いていることと、冷暖房や防音設備が完備されているというメリットがあります。一方、コミュニティルームでは、孫のような子どもたちとのふれあいが楽しめるというメリットがあります。また自主管理なので、公民館では無理な「多少の時間延長はオーケー」という気安さもメリットのひとつです。要は使いわけです。

また、秋津コミュニティは、春に新習志野公民館でおこなう「公民館フェスティバル」に参加しています。各サークルは日ごろの学びの成果を、校区を越えたより多くのかたがたに披露し、仲間づくりをします（新習志野公民館は秋津にありますが、三つの小学校区の住民が利用対象で、広いエリアです）。私たちおじさんは、ボランティア団体支援のための餅つきをおこない、フェスティバルを盛りあげます。

さて、これまで、「学校教育と社会教育はまったくべつもの」と、どちらの側からも思われていたと思います。

えてして社会教育、とくに公民館は、児童館がべつにあることからか成人のみを対象としがちで、子どもをその対象者から除いてとらえてきたように思います。公民館を揶揄《やゆ》する表現に「部屋貸し屋」とか「教養主義的おしつけ講座の館」などがありますが、本来の社会教育＝マイノリティをも大切にする視点と事業が、ときとして抜けおちてしまったせいかもしれません。

　たとえば、時期や内容にもよりますが、「平和・反戦」講座のような催しを積極的に支援する公民館は少ないようです。在日外国人の人たちや、少数ではあってもなにかの事情で識字学習を修得できなかった人たち（たとえ義務教育を〝卒業〟していても）のための、「生きるうえで必要な知識としての識字学習」なども少ないと思います。もちろん、神奈川県川崎市や長野県飯田市、大阪府貝塚市ほかのすぐれた公民館や社会教育行政の事例はあります。

　一方、近代学校教育の制度は明治五年（一八七二年）、今から百三十一年まえにはじまりました。あとからでてきた社会教育よりも、制度としては学校義務教育のほうがはるかに先輩です。学校教育と社会教育はべつもの、と考えられてきたのも無理はありません。ましてや生涯学習という概念は、つい最近でてきたものです。

　また、国がさかんに教育改革というときの「教育」は、だいたい「小中学校の義務教育」のことを指し、多くの場合、「義務教育のなかの学校教育部門のことにかぎった改革」ととらえられがちです。生涯にわたっていつでも、だれでも学べるための教育、すなわち生涯学習をイメージして、教育改革の文言が使われることは、ほとんどないようです。

　しかし、それでも、人生六十年時代の義務教育学校の役割・機能と、人生八十年時代の義務教育学校の役割・機能とは、変わってもおかしくないと私は思います。そして、そうであるならば、だれもが学べる生涯学習コミュニティづくりをめざすうえで、「義務教育学校の九年間も社会教育も、生涯学習にふくまれる」ととらえることが自然ではないでしょうか。

「学」「社」双方が歩みよるためのキッカケづくり

二〇〇一年（平成十三年）七月に改正された「学校教育法」には、第十八条に社会教育との連携の必要性が加えられました。

「小学校においては……教育指導を行うに当たり、児童の体験的な学習活動、特にボランティア活動など社会奉仕体験活動、自然体験活動その他の体験活動の充実に努めるものとする。この場合において、社会教育関係団体その他の関係団体及び関係機関との連携に十分配慮しなければならない」（中学校・高校や養護・盲・聾学校も準用。傍線は筆者。同様の文言が、同じく改正された「社会教育法」にも盛りこまれました）。

しかし、「学」「社」双方が「なにからどう手をつけたらよいのやら……」と悩んでいる状態が、現在の多くの地域にあるようです。たがいにこれまでまったく経験をしていないことですから、無理もありません。

だからこそ、学校教育でもあり、かつ社会教育でもある状態を意図的につくりだす「学社融合」の必要性を、私は思います。その推進役には、これまでの社会教育の蓄積をもつ公民館や社会教育行政が適役でしょう。完全学校週五日制の実施で増えた休校日の受け皿づくりも大切ですが、やはり社会教育の基本の「学習」を推進してほしいと願います。もう一方の主体者の学校は、公民館や社会教育行政が培ってきた財産から学び、積極的に学校教育に取りこんでほしいと願います。

「学」「社」双方が歩みよるためのキッカケづくりには、たとえばこんなことができます。

〈社会教育側から学校教育側へ〉

▼さまざまな市民サークルを学校側に紹介する。

▼学習指導要領の勉強会をする（学校教育の内容を学ぶことは、学校側へ提案するヒント探しになります）。

〈学校教育側から社会教育側へ〉

▼学校教育上で充実したい項目をあげて、社会教育側に提示する。

▼充実したいが現状の教員体制ではできにくい項目をあげて、社会教育側に提示する。

▼公民館やスポーツ施設（スポーツも文化です）などを利用するさまざまなサークルから、学校教育の充実に役立ちそうなサークルを紹介してもらう。

「学」「社」双方の職員が歩みよることで、その校区の「学社融合」が創造できれば、実際に授業に参画する校区の市民やサークルの人たちにとっては、とても喜ばしいことです。その延長に、たがいが自律して学びあう新しい「生涯学習コミュニティづくり」になり、そこでのコーディネーターの役割を「学」「社」双方の職員がはたすことになるといいなあ！　と願っています。そんなことから、今こそ公民館や社会教育の出番！　と思うのです。

いいじゃない！　特養ホームや福祉施設のあるまち

秋津は埋立地のために公的な余裕敷地が多く、長いこと手つかずで原っぱのままのところもありました。

習志野市の社会福祉協議会の本部や障害児者の施設などがある「総合福祉センター」横の敷

地も、三年ほどまえまでは原っぱのままでした。そこに「新・総合福祉ゾーン構想」が具体化し、この数年間に特別養護老人ホームやデイケア・サービスセンターがつぎつぎにできました。ハード面ではまさに、まち全体がノーマライゼーション環境の様相です。秋津にこのような施設ができたことを、私はうれしく思います。だって、障害をもったかたもお年よりも、市全域からやってきて、日常的に「居てくれる」からです。

ハンディをもった人たちが居ることが、健全なまちの姿です。そんな環境で子どもたちが日常的に育つことが大切だと思います。

よく、首長などが「特別養護老人ホームを風光明媚なところに……」なんていいますが、「風光明媚なところ」とは裏を返せば「人里離れた場所」、すなわち「土地代の安いところ」という意味かもしれません。もしそうなら棄民施策です。そうではなく、障害をもったかた（最近はチャレンジャーというそうです）もこっち、今のところハンディのないかた（健常者）もこっち、がいいのです。それが、私の思い描くノーマライゼーションのコミュニティです。

今、二十四歳の私の娘が五、六歳のころ、できたばかりの障害児者の通所施設に通うために、秋津のまちなかをいくかたの姿を見ていいました。「お父さん、あの人、なんかヘンだよ」。私は、娘にキチンと話すと同時に思いました。「ああ、ふだんから接していないままに育つと、こういうモノいいになるんだな」と。だからこそ、同じまちに居て当たりまえの、そんな秋津にしたい！　と思いつづけてきました。

さて、二〇〇一年にオープンした秋津の特別養護老人ホームの開設まえに、市役所担当者と秋津地域の住民との施策説明会が何度もおこなわれ、そこでおもしろいやりとりがありました。

あるときの市役所担当者の説明です。

「……習志野市には特養がないので、希望のかたがたには登録いただき、順に隣の船橋市などに紹介しています。最新調査での習志野市民の入所待ち希望人数は、百六十七名です」「今回、市ではじめて秋津につくる特養は、ベッド数五十床で三階建て、みなさんの賛同をえられれば着工は……」と説明しました。

私はその説明を聞いて、質問しました。

「五十床では、待っているかたの数と今後も増えつづけるであろう入所待機者数からいって、焼け石に水ではありませんか？」

担当者いわく「あの、五十床は厚生省の補助金の一単位なのです」。

「じゃあ、二つでも三つでも申し込んで、できるだけ多くつくればいいんじゃないですか？」と、私は知らぬが仏とばかりに質問しました。「そうだよ、そうだよ！」と、ほかの参加者からも賛意のことばが聞こえます。

さて、半年あまりが過ぎ、開かれた説明会で、くだんの担当者がいいました。

「おかげで、倍の百床、五階建てでつくることになりました！」「厚生省に二つぶんの申請をして、オーケーがでました！」。そして、「ありがとうございました！」と、みんなに深々と頭を下げながらお礼をいいました。「やればできるんじゃない！」「よかったじゃないの！」なんて、ねぎらいのことばも飛びかいました。

集会後に、当時の保健福祉部の幹部がいうには、「いやね、ふつうは特養の建築というと、『辛気臭い』とか『地価が下がる』とか、なにかと反対が多いなかで、秋津は逆に『増やして！』とのお話に、担当者も奮起したのです」とのことでした。秋津のまちは、だれでもウェルカムになってきたなあと、うれしかったです。同時期にオープンしたデイケア・サービスセンターも、今、建て増し中です。

さらにこれらの福祉施設のあいだの敷地に「地域交流センター」をつくる予定がありますが、市の予算の都合から着工は無期限延期です。とはいえ、空き地のままで置いておくのももったいないと、秋津コミュニティの「食の研究会」サークルの世話役で、秋津まちづくり会議・副議長でもある鮎川由美さんらのアイデアから、秋津まちづくり会議が市から借りあげて、毎月一回、第二日曜日にフリーマーケットを開催しています。また、同所で毎週三回、野菜やパンなどのマーケットも、農協青年部や近在のお店の協力で出店をしていただいて開催しています。じつは、これらのイベントは、遠方に買い物にいきにくいお年よりや障害をもったかたがたへの配慮からでもあります。二年まえまであった近くのスーパーや商店が、大型店の進出に押されて閉店になり、買い物が不便になったからです。

学校施設の開放が、人もまちも元気にする

今では、秋津と交流のあるさまざまな学校や自治体が、余裕教室を地域に開放した例も増えてきました。たとえば、大阪府貝塚市立北小学校や東小学校、川崎市立虹ヶ丘小学校、それから自治体施策として市ぐるみで開放をすすめている青森県青森市、新潟県新井市、京都府京都市、福岡県福岡市などです。

新潟県の聖籠《せいろう》町立聖籠中学校は「生徒・教職員・保護者・地域が共に創る学校」を学校目標に掲げ、二つの中学校の統合を機に校舎を新築し、二〇〇一年度に開校しました。そのさい「学校を『町』にしよう」という主旨から、音楽室・家庭科室・技術室・美術室などの特別教室とカフェテリアのある地域交流棟を同じ建物内に設けて、町民が常時、つどい憩える「町民

ホームベース」とともに、まるごと地域にも開放しています。

聖籠中学校の学校給食は、事前に申し込めば、町民のだれでも中学生とともに食べることができます。私が訪問してご馳走になったのは二〇〇二年十一月、このとき一食三百円でした。気さくな手島勇平教育長と坂口眞生校長、ホームベースにつどう地域の赤ちゃん連れの若いお母さん、そして男子中学生といっしょに食べた給食は、ぬくもりの味がしました。

最近では、学校の新築・改築時に、地域の人びとが活用できるスペースを設けるのはめずらしいことではなくなり、デイケア・センターや特別養護老人ホームなどの福祉施設や、防災倉庫との複合学校も増えてきました。とはいえ、全国的にみた場合、ほとんどの学校では、開放されているのは体育館と校庭ぐらいです。でも、地域にとっての学校は、みんなで使わないともったいない！　と思います。すべて税金でまかなっている諸施設・備品が、開校日以外の多くの日数は使われていないからです。

その決断と実行は、学校現場を担う教職員はもちろん、教育委員会の学校教育部署や生涯学習部署、さらに首長部局などが、ともにメリットを求めあっての「行政内融合」（行政機関どうしがたがいのメリットを求めあい施策を推進すること。筆者がつくった造語）の発想でおこなうことが近道ではないでしょうか。とくに、教育行政をふくむ行政総体を改革しうる先端にいる議員さんや首長さんのやる気と実行力に期待したいと思います。

そのとき、利用者住民の自主運営によって育まれる自治体験を、在日外国人をふくむすべての納税者や地域生活者に経験してもらうことも求められます。

そこではコミュニティ・スクールの運営はもとより、総合型地域スポーツクラブの創設・運営や、学校給食を地域のだれもが利用できる高齢社会に対応した総合給食センターへの改変、働く教職員の子どもも一時預かることができる子育て・子育ちセンターの設置（文部科学省は実際に、省庁の職員の子どもを預かり保育する「霞が関保育所」を発案して民間力で開設しました）、雨水利用や無農薬野菜栽培などをおこなうエコスクール化、異世代交流をはかれるような福祉機能など、さまざまなことが展望できると思います。

先生も学ぶ生涯学習のコミュニティづくり

先に述べましたが、私が想い描く二十一世紀の理想の学校像の二つは、つぎのものです。

1　住む人も働く人も、だれもがいつでも学べる、生涯学習のコミュニティづくりに寄与する学校。

2　住む人も働く人も、だれもが安心で安全な、ノーマライゼーションのコミュニティづくりに寄与する学校。

「働く人」にはもちろん、学校で働く人＝教職員もふくまれます。たとえば、先に紹介した「先生のためのパソコン教室」は、まちで働く先生が学ぶ一例です。

秋津の生活者で三人の子どものお母さんであり、職業が中学校（別地域）の数学教諭の桑名邦子さんは、つれあいの英一さんとともに秋津コミュニティの「うらの畑」サークルの会員として、休日には居住地の秋津小学校で、野菜づくりや草花栽培を楽しんでいます。秋津のまち誕生二十周年記念に「ケナフを校庭で栽培して紙漉きをおこない、短冊をつくり、願いを書いてみんなでタイムカプセルに入れて埋設する事業」を実施したさいには、邦子さんは、実行委員長の英一さんとともに年間をとおして参画しつづけました。

紙漉きのときには、大きな紙にその手順をイラストとともに描き、とても好評でした。「あら、わかりやすくて、学校の先生が描いたみたい！」「そりゃあそうよ、だって先生が描いたんだもん！」とお母さんたち。それ以来、桑名夫婦は〝ケナフウフ〟と呼ばれています。

そこで働いている先生も学ぶことができる。また、先生という職業をもつかたが、居住地で好きなことを実践しつつ学ぶことができる。同時に、職業的知識を地域社会でいかし還元することができる。そんな「1　住む人も働く人も、だれもがいつでも学べる、生涯学習のコミュニティづくりに寄与する学校」になるといいなあと思います。

また、たとえば秋津小学校の教職員のかたが、お子さんを居住地域の保育所に預けてから出勤しているとします。子どもが元気ならよいのですが、朝少しでも熱があると、保育所では預かれない場合が多いです。私もワイフと東京で働くために、三人の子どもを秋津保育所に預けながらの子育てでしたので、当時は何度も経験しました。さいわい秋津の友人が「一時保育」を担ってくれたので助かりました。

そんなとき、仕事場の小学校に子どもを連れてきて、コミュニティルームの子育て・子育ちサークルに預け、親は同じ屋根の下で仕事ができたら、どんなに助かるでしょうか。もしも子どもの体調に変化があっても、校医さんのところに駆けこむこともできると思います。

そんな、「働く人」にもやさしく温かい学校づくりをイメージして、「2　住む人も働く人も、だれもが安心で安全な、ノーマライゼーションのコミュニティづくりに寄与する学校」づくりをめざしたいと思うのです。

その実現への入り口が「学社融合」であり、「学社融合の先にあるもの」は、こんな二つの学校像ではないかと考えるようになりました。

COLUMN—5

行政・学校管理職ほか関係者のみなさまへ

地域とうまくいく秘訣、あかします！

「学社融合」はこれまでの学校教育にはなかったものであるだけに、とまどうかたも少なくないと思います。とくに、教職員や学校教育行政関係のかたがたにとっては。なかには「学校教育と諸施設が、地域に乗っとられるのではないか？」と危惧されるかたもいるかもしれません。また地域のかたは逆に、「地域にまで学校教育をもちこむのか」と思われるかもしれません。それも無理からぬことと思います。

しかし、「学社融合」は、くり返しになりますが「双方にメリットを生みだす方法」であり、「学校教育が充実するがゆえの学校開放」という基本理念ですから、学校教育側が得こそすれ、デメリットはない方法を選ぶやり方です。地域にとっても、これまで紹介したような多くの実りがあると考えています。

「学社融合」を進めるさいの秋津の実践から学んだ方法論を整理し、そこに「地域へのアプローチにはこんなツボがあります！」ということをくわえて述べてみます。おもに学校教育関係者、公民館や社会教育・生涯学習部署をふくむ教育委員会のかたがた、首長部局の生涯学習部署やまちづくり関係者のかたがたへ向けた、熱い(!?)メッセージです。

大人たちのサークルづくりを第一歩に

地域との個々のかかわりを継続性のある活動へと発展させるためには、まず、つどった大人同士をサークルづくりへ導くとよいと思います。

地域への呼びかけがあるていど軌道に乗ってくると、多くの大人が目的に応じて学校にやってきます。サークル化は、そんな人たちを生涯学習の主体者としてもう一段階押しあげる手立てであり、学校にとっては、たとえ教員の異動があっても「実践の継続が確保できる手立て」になるからです。

「せっかくみなさんがつどったのですから、大人の生涯学習サークルをつくりませんか？」と呼びかけます。つどう機会があってもただそのまま帰しつづけるのは、「宝の持ち腐れ」です。つどった校区の人びとは、たがいに知りあいかどうかわかりません。つどったことではじめて、趣味や学びたいことがたがいに同じであることを発見しあうかもしれません。サークルとして活動することで、同じ地域での生涯学習者同士としてのあらたなつながり、学びのネットワークが形成されます。

学校に「つどう拠点」を

　そんなサークルができたら、「つどう拠点」が必要になります。余裕教室があるならそれを提供すれば理想的ですが、余裕教室がなくても、タイム・シェアリングの考え方で、使われていない時間帯の教室や特別教室が活用できると思います。日時によって貸しだし可能な部屋の一覧表などを作成し提供できれば、活動が活発化します。

　学校側からの申し出で場を確保できることそのものが、地域にとってはうれしいことですし、学校への親しみや信頼感がいっそう増します。同時に、見知った多くの大人が学校にいることで「学校の安全」にもつながり、学校・地域双方へよい影響を与えていきます。

　サークル活動が学校を拠点に活発化すれば、キッカケは保護者としての参画であっても、子どもが卒業してからも自分の楽しみとして参画しつづけることができます。

　学校側のメリットは、サークル化によって、継続してかかわる人の養成システムが形成されることです。高齢で病気になられたり、あるいは引っ越されたりする場合もあるかもしれませんが、だれかが抜けても、つねに継続して学校教育への参画者がえられるようになります。よくある「人材活用」の場合は、そのかたが抜けるとまた一から教員が探す苦労をしなければならないことが多いですが、そうした問題はほとんど解消されます。

逆に、新しく着任された先生に経験がなくても、地域のサークルのかたがたには経験も知識も蓄積されているので、スムーズに移行できます。

こうした延長に、学校を拠点とした生涯学習のコミュニティづくりに発展していくことができると思います。

マネージメント能力にかかってます

「学社融合」の推進や学校施設の開放は、その学校の管理職やましてや一般教員だけでは踏みだしにくいものです。とくに教育委員会の理解が大切です。同時に地域の人びとの理解も大切です。

そこでまず、往々にして起こりがちな地域や保護者との意識のズレを解消するための具体例を、つぎに述べます。

まず保護者や地域の人にたいして、自校の現状(たとえば先にあげたような、女性教員が多くスポーツ指導が大変とか、力仕事に人手不足とか、パソコン指導ができる教員が少ないとか……)を、学校の管理職はくわしく説明したうえで、具体的に依頼していただきたいです。

そのうえで、なぜ今、「生きる力」の育成が大切なのか、なぜ今、「総合的な学習の時間」の導入なのか、なぜ今、ゆとりのための「完全学校週五日制」が実施されたのかなど、教育改革のテーマを、文部科学省の受けうりではなく、ご自分のことばでていねいに説明していただきたいです。こうしたことが、保護者や地域の信頼をえるうえで重要な条件だと思います。機会を見つけては、ぜひ積極的に発信してください。

また、現場の先生の忙しさには、多分に校務分掌のあり方がかかわっているようです。

ビジネス社会では、新しい仕事に時間を割くためには、仕事を見直して統廃合をしながら目的達成に挑みます。部下が労働時間内でできる仕事の仕組みの保証がマネージャーの責任であり、管理者の能力の発揮どころです。現場の先生の「ゆとり」を確保できるマネージメントを、ぜひ心がけてほしいと思います。

教育業界のみで通用している「できない理由」や、「先例がないから」というメッセージは、地域の人にはほとんど説得力をもちません。

納税者には単身者も高齢者も子どものいない夫婦も在日外国人もいて、そういった人をふくめた納税者すべての税金によって、公教育は支えられています。実際、小学校で九一万九九二二円、中学校で一〇〇万二二四〇円が、児童・生徒一人あたりに要する平均教育費です（文部科学省・二〇〇一年度決算）。

そうしたことからも、だれもが学校に気軽に来ることができ、諸施設を生涯学習に活用できる学校運営は、時代の理にかなっているといえるのではないでしょうか。

そうでないと、子どもに直接的な関係がない納税者から、「私の生活にメリットがないので公教育の充実には税金を使ってほしくない」といわれかねません。実際、アメリカのフロリダ州では、「高齢者団体が公教育充実のための増税に反対し、増税案が廃案になった」という事実（「世代間戦争」というそうです）がありました（二〇〇〇年一月三日『朝日新聞』）。

逆もまた起こりえます。今、小学校高学年の子どもたちの何割かは、五、六年もするとこんどは納税者になります。その若者たちから「自分とかかわりあいのない高齢者に私の税金を使わないでください」といわれるような、そんな市民を育成したとしたら、公教育の危機どころではないですよね。であるがゆえに、学校で、子どもと多様な大人がふれあえる日常を創出することが重要なのではないでしょうか。

近未来に向けての豊かな土壌づくりは、現場の先生だけではできません。管理職や教育委員会、首長部局などのマネージメント能力にかかっているといえます。そうして、全国六十三万人の小中学校の現場を担う先生を中心に、私たち保護者や地域の人びとが、今のような状況だからこそ「学社融合」で手をたずさえて挑めば、二十一世紀を切りひらく教育創造が、きっとどこでも可能だと確信しています。

「学社融合」は、授業や行事の洗いだしから

つぎに、「学社融合」の取り組みを学校発信でおこなう場合の手続きや留意点を述べます。

学校の授業や行事の充実、環境の整備などには、これまで述べてきたように、地域の人、とくに男性が参画したら助かることがたくさんあります。

日常的な授業や行事への参画は、日中の時間を比較的やりくりしやすい主婦のかた、子育てを終えた女性や退職後の男性などがしやすいのではないでしょうか。校外学習や遠足などの引率、校内音楽会、家庭科の調理実習や縫製の授業、本の読み聞かせや図書の補修、花壇の整備や飼育動物の世話、クラブ活動への参画など、学校や教職員にとってメリットがあることはたくさんあります。

それらの授業や行事を洗いだし、ある事業について保護者や地域に呼びかけて参画を要請する段階にきたとします。そのさい注意したいポイントはこんな点です。

保護者や地域の人たちは、心の深いところには「自分の子ども・地域の子どもが通う大切な学校」という想いがあります。「呼びかけられたら、できるだけのことをしたい」とも思っています。しかし、ときとして、保護者であれば、「子どもが通っている以上、無理してでもしなければ」という「ねばならぬ」的な気持ちもあったりします。

また、地域の人が学校への参画をするさいは、「善意」の気持ちが強いです。それだけに、実際に参画するには、ある種の緊張感を抱いてのぞみます。しかし、その緊張感はときとして、実際に参画して仮になにかの違和感やトラブルがあると、「私は○をしてあげたのに学校は……」と、ご自分で参画の意思をもったにもかかわらず、違和感やトラブルの責任を学校や教員に転嫁しやすい緊張感でもあります。

そうなると「善意」であるだけに感情的になりがちで、修復困難なほどにこじれる場合があります。もちろん、その原因が学校側にあることがあきらかな場合は、率直に謝罪して改善をはかることは当然ですが、そうならないための注意が大切と思います。

そうならないためには、参画の要請をするまえに、「参画してもらう保護者や地域の人にとってのメリットはなんだろうか?」と、事前に冷静に考えることがポイントといえます。この配慮こそが、「学社双方にメリットを生みだすように、はじめから意図して仕掛ける」学社融合実践の成否を決めるといってよいほどです。

えてしてこれまでの学校発信は、「子どものために」「学校のために」「教育のために」という、だれも異論を差しはさみにくい「正論」からがほとんどでした。しかし、正論であるがゆえに、学校側には「やってもらって当然」という感覚を生み、保護者や地域側には「頼まれたらことわりにくい」といった風潮を生んだことも否めません。そんな「正論」からくる緊張感をたがいに解きほぐしておくことが大切です。「ねばならない」と思うかたは無理をしての参画をしがちなだけに、「保護者や地域のかたにとってのメリットはなにか」と、発信する側の学校は、ぜひ、考えみていただきたいところです。

秋津の経験からは、その視点は大きくいってつぎの三つといえます。

1 「子どものために」「学校のために」「教育のために」という善意の押しつけ・要請をしないことと、学校のメリットのみを強調しないこと。

2 「できる人が、できる範囲で、無理なく」と依頼すること。

3 「みなさんご自身の学びになるよう、なにより楽しく参画ください」と提案すること。

開校日時の参画要請がほとんどだと思いますので、「仕事を休んでまでの参画」では回数を重ねるごとに負担も多くなり、長続きしにくいことにも注意が必要です。そして、子どもたちとのふれあいそのものを楽しく感じる、そんなイメージをもてる参画要請が大切です。

まちが学校をつくり、学校がまちをつくる

宮崎さんは秋津小学校の校長時、学校が地域に開かれていく過程での学校と地域とのつきあい方を、その経験から語っています。とても重要な視点なので紹介します。

（1）問題が起きたら、解決のために正面から向き合う

本校の先輩と地域の方のすばらしいところは、問題が出たときに逃げなかったということです。それが、成功につながっている大きな一因です。学校と地域がうまくいかないときは、あたりさわりのないことを話し合ってお茶を濁すほうが、「おとな的」であると考えられがちです。しかし、それでは問題の解決にはなりませんし、しこりが残ります。なにより子どもたちが不幸で

す。

本校が「よりおとな的」であったのは、おとなの感情や小異は二の次にして、子どもにとってどうすることがよいことなのかと「大同団結」したことです。その理念は今も脈々と受け継がれ、さまざまな活動が行われたあとは、かなりシビアな話し合い（反省会）をします。着任後間もない教師などは、「学校が文句を言われている」とビックリすることもありますが、すぐに慣れてきます。

（2）「ノー天気なお調子者のおとなたち」という配慮

学校にひっきりなしに入り込むおとなは、相当な数です。彼らは、自分たちのことを「ノー天気なお調子者の集まり」と言ってはばかりません。そうして「おとなの楽しみのために学校を使わせていただいているんです。学校には感謝しています」と続けます。この表現は、学校側をどれだけ安心させているかしれません。つまり、「私たちは学校のため・子どものためにボランティアとして活動してやっているのです」というように言われたら、学校としても重くなります。謝礼はどうしよう、ことばづかいに気をつけよう、果ては担任する子には特別な配慮をしなくていいのだろうか……ということにさえなります。

しかし、そのための「気づかいをしなくていいんですよ」という配慮が、自分たちをこう呼ぶことの真意なのです。学校としても、気軽につきあえるということは、どれだけありがたいかしれません。

（日本子どもを守る会編集『子どものしあわせ』一九九九年六月臨時増刊号、草土文化）

教職員と地域の人びとが、たがいの立場を尊重しつつ創りあげる学校。まちが学校をつくり、学校がまちをつくる姿への大きなヒントが、ここにあると思います。

9 地域の記憶、学校の記憶、家族の記憶

――次世代に引き継ぐということ

ジャンケンおじいちゃん、お花のおばあちゃんからの贈りもの

二十三年まえに東京湾の埋立地に誕生した秋津は、コンクリート団地群のほかにはなにもありませんでした。埋立の乾いた土が風に舞い、朝ベランダに干した洗濯物が夕方には黄ばむほどでした。植えたばかりの低い木々、よどんだ空……。若い私とワイフと当時一歳の長女の三人家族は、家賃の高い東京から新天地を求めて引っ越してきました。しかし、「こんな殺風景なところじゃ、子どももかわいそうだね。いつかここから脱出したいね」と夫婦で話しあっていました。

ところが、ないなら創ろう！　と、みずから活動をはじめるお年よりがあらわれました。殺風景な校庭に毎日お花の種を持参して蒔き、花を咲かせる近藤ヒサ子さん。花が咲けば、子どもたちがよってきてたずねます。「おばあちゃん、この花の名前はなんていうの？」「これはね、コスモスよ」と、近藤さんは笑顔で応えます。

そんな日常の交流から子どもたちは、いつしか「お花のおばあちゃん」と呼ぶようになりました。近藤さんは、惜しまれて一九九八年に八十二歳で他界されました。そして今、近藤さん

が咲かせつづけた何十という花の世話は、「うらの畑」サークルが引き継いでいます。

私の前著に、近藤さんのイラストも描いてくれた関知磨子さんは、近藤さんの思い出を回想します。


「お花のなかで、私はヒマワリがいちばん好きなの。太陽に向かって大きく元気に咲いて……」

近藤さんと校庭を歩きながら、ひとつひとつお花の名前をおしえてもらっていたときに聞いたことばでした。いつもお一人で、もくもくとお花の世話をされていた静かな方の、意外な好みでした。

しかし、きっと心には素晴らしい大輪の花の情熱がおありだったのでしょう。

そしてそれは今、やさしい〈小さな自然〉となって私たちをなぐさめ励ましてくれています。


もうひとり、忘れてはならないかたがいます。

「ジャンケンおじいちゃん」の久我喜代次さん。久我さんは、毎朝夕に学校前の横断歩道に粋な着流し姿で立ち、子どもたちとジャンケンをしながら、道路への飛びだしを防いでいました。子どもを止めては「ジャンケンしよう！」と呼びかけて、楽しみながら交通安全をしていたのです。

その久我さんも、一九九二年に八十九歳でこの世を去りました。葬列には、秋津のたくさんの子どもたちが加わりました。

私たち現役の若い親は、殺伐とした経済成長中心の社会にもまれながらも、このお二人の姿から多くのことを学びました。親になるとはなにか、地域に暮らすとはどういうことか……。

若いまちではありますが、地域の記憶があるのです。秋津の偉大な母と父のことを、いつかはまちから巣立つかもしれない子どもたちに語りつづけたいと思います。だって、秋津で生まれ育った子どもたちの故郷は、ここ秋津しかないのですから。

なぜ私が「学校」と「地域」にこだわるか

私事で恐縮ですが、私が学校、とくに義務教育の小学校や地域にこだわるのは、私の成育過程が深く関係していると思います。

私は、三歳のときに福島県出身の父を病気で亡くしました。以後は、二歳上の姉とともに、南米のペルー共和国生まれの母親に育てられました。母は、父との結婚後数年は、ペルーで生まれたことからのペルー国籍と、福島県出身の両親がペルーに移住しながらも日本国籍も保持していたことから、二つの国籍をもっていました。

ペルーでは、「出生地主義」といって、親が何国籍人であろうとも、ペルーで生まれればペルー国籍が取得できます。一方、日本は「血統主義」です。日本で生まれても、どちらかの親が日本国籍人で、しかも日本国籍のほうの親の国籍を選ばなければ、日本国籍は取得できない制度です。日本で生まれても、またその子孫が何代続こうとも、「親が日本国籍人でなければ、日本国にお願いしての『帰化』をしないかぎり日本国籍人にはなれない」のです。

かつてのペルー大統領のフジモリさんが今も日本国籍をもっているのは、そうした理由によるものです。そのためペルー政府が要求しても日本政府はフジモリさんを引き渡さないのも、「自国民を保護するため」との名目のあらわれです。この二つの「主義」は、前者が英米国系の法体系を、後者がドイツの法体系をかつて輸入した国の基本制度に依拠しており、今日も根本は変わらない国が日本国です。

母は、ペルーではスペイン語を日常的に使って生長し、ペルーのリマ市にあった日本政府が運営する日本人学校で、戦前の日本と同じ初等中等教育を受けました。そして「女学校教育は日本で受けたい」と、十六、七歳の少女のころに二か月もかけて太平洋を航海して来日し、福島県の女学校に通い、卒業しました。その後に上京し、栄養士・調理師の資格をとりましたが、第二次世界大戦勃発で日本とペルーは「敵国同士」になり、ペルーに帰らず敗戦後に父と出会い、結婚し、私たち二人の姉弟を産み、父の死後は苦労しながら私たちを育ててくれました。

スペイン語とカタコトの英語が話せることと、料理が好きであったことから、在日外国人のところを専門に働きました。都下立川米軍の将校宅やメキシコ大使館のコック、ガーナ公使私邸でのメイド（家政婦のような仕事）などをしながら、私たちを育ててくれました。後年、母は、「私はハッキリものをいう外国人のほうが好きだった」といっていました。

しかし、住みこみで働いていて、月曜日から金曜日の夕方までは家に帰らないのです。今、思いかえしてもどうやって生活をしていたのか不思議なのですが、私が四歳ぐらいから小学校の中学年くらいまでは、二歳上の姉と私と二人で生活をしていました。幼少期の私は毎日がさみしくて、寝るときは姉の耳たぶを両手でギュッとつかみながら寝ついていました。そうして寝つかないと、「まったくの一人になってしまうのではないか」との恐怖感が、子ども心にもあったのかもしれません。

鮮明に記憶しているのは、私が風邪をこじらせて床についていたときのことです。目覚めると母が看病をしてくれていました。仕事を休んでのでした。小学校二年生のときです。私は思いました。「病気になれば、母がいつもそばにいてくれるんだ！」と。

しかし、「学校に行きたくない」と思ったことは一度もありません。むしろ、「夏休みって、どうしてこんなに長いんだろう?」「早く学校にいきたい! 友だちと遊びたい!」と思ったくらいでした。

「地域で育てられた」「地域のかたがたが陰に陽に面倒をみてくれていた」ということが、そのかたがたのお顔とともにより鮮明に思い出されて、感謝の気持ちで心が満たされるようになってきたのは、齢《よわい》五十一歳という年のせいでしょうか。

そんな、私にとっての幼少年期は、さみしかったけれども「学校が楽しくて行きたくなるところ」であり、「地域も私の居場所として機能していた」のです。そんなところにしてくれていた、当時の先生や友だち、地域の大人たちへの感謝の気持ちとこだわりがあると思います。

在日朝鮮人のワイフとともに――「この地」で生きるということ

私が学校や地域にこだわることには、私のワイフが在日朝鮮人であることも深く関係していると思っています。ワイフの国籍は大韓民国です。父方の母つまりワイフの祖母が、幼年期の父を連れて、日本国の占領時期に朝鮮半島から日本にやってきました。そして代々日本で暮らし、ワイフは在日三世です。日本の小中学校と高校を卒業しました。高卒後に社会にでて、ワイフが二十三歳のときに二十四歳の私と出会い、二十四歳で私と結ばれ、二十五歳で長女の唯風子を出産し、その後、二人の男の子を授かりました。

ワイフとは、出会いから今日まで、たがいの生育過程のことや、国籍とはなんだろうか、学校とは、地域とは、家族とは、社会的な弱者（マイノリティ）とは……といった話を、それこそ毎日のようにしてきました。ときには烈しくぶつかりあう場面もたびたびでした。そうやってぶつかりあってきたからこそ、たがいが同志のように思えるようになってきました。

そして、「私もワイフも自分で生地を選べなかった」との共通の想いがあります。選べなかったから、親や地域がどうのこうのといっているのではありません。「生地を選べない」ことは今の子どもにも、またこれからの子どもにも共通すること、という意味あいをふくみます。だからこそ、逃げようのない現実を少しでも変えてよりよくしたい、変えるために学校や地域のあり方にどうしてもこだわりたいと思うのです。そんな同志が、私とワイフだと思います。

さて、在日としてこの地で生きているワイフは、小学校時にどんな想いでいたのでしょうか。そのころを回想した一文を、本人の承諾のもとに紹介します。

小学校の図書室

車《チャ》 育子《ユックチャ》

「〇〇、日本人なら日本語はわかるはずだ」

教室中にはりつめた緊張感。子ども達（もちろん発言者の教師も）は、通名の私が日本人でないことを知っていたので、「日本人なら」の言葉にドキッとしたのだ。小学校六年生の冬。終わりの会での担任の叱責。起立、礼、の号令はもちろん耳に入ってきた。体が重く感じられ机に突っ伏していた。

私は、体をどうしても動かせずにいた。翌日から高熱がつづき一週間程学校を休んだ。

五年生から担任になった理科の先生。違和感の始まりは授業中だったか、席が近い友達とのおしゃべりを注意された。私だけなぜか廊下に立たされた。その時「〇〇廊下にたってろ」の声にクラス中がざわついた。

当然、同じように立たされるであろう人達の名前が呼ばれなかったからだ。

理科の先生なので、私たちのクラスの掃除は教室と理科室を受け持たされた。

理科室の掃除は楽しかった。様々な実験器具や顕微鏡を見ているだけで、なんだか明瞭な思考を持つ人になれるような気がした。特に人体模型には魅了された。なに人でもやっぱり血は赤いんだよね。

心臓、胃、腸、……。

日本人も朝鮮人も同じじゃない。はたきをかけながらそれぞれの臓器を確認する。

理科室のベランダには花が咲いている。当然、水やりも掃除当番の仕事。家にジョウロのある人は持って来て欲しいと言われていた。私は、何故か学校へジョウロを持っていきたいと強く思った。母にねだってねだって説き伏せて、やっと買ってもらい、嬉々として登校したのに。

先生からの笑顔はもらえなかった。それ以来、花の水やりには参加しなくなった。ベランダには出ないで、ひたすらはたきをかけるふりをしながら、人体模型を眺め臓器の名称を口ずさむ。

家庭訪問が始まった春のうららかなそよ風の中で、仲良しの裕子ちゃんから「家庭訪問昨日だったんだよ……」「あのね、先生変なこと言ってたってママがね、〇〇とはあまり仲良くさせないほうがいいですよって、変だよね」「私はいままで通り仲良しの友達だから」。

私は、一言もなく彼女の声だけを追っていた。彼女はわりと裕福な家の子で、ハキハキとしたお嬢さんのおもむきを漂わせていた少女だった。

私たちの小学校は、中学受験が当時から当たり前の学校だった。当然、彼女は受験組で家庭教師に付いて家庭学習をしていた。

今思うに、シャーロック・ホームズやアルセーヌ・ルパンが二人とも好きで、「学校の図書室」に通っては、代わりばんこに本を借りていて仲良くなったのかもしれない。何回か家まで遊びにいった。ロマンス・グレイのステキなおじいちゃまがいつもいて、肘掛け椅子に座り、パイプをくゆらせていた。子ども心にああいう人が、「おじいちゃま」って言うんだ、「じいさん」ではないな、なんて、私の家の周りの人達を思い浮かべて一人がてんした。

もちろん、おやつは紅茶とクッキーかケーキか果物が必ず出された。

一度だけ、どうしても○○ちゃん家《ち》に遊びに行きたいとの彼女の申し出に、断り切れずに連れて来た。小さな木造の二階屋。一階の半分はアボジ（父）の仕事場、狭い廊下を隔てて食堂兼居間（食堂とか居間とかいう雰囲気はない）。靴の加工業なので、糊の匂いとキムチの匂いが充満している。我が家で一番きれいな二階のハンメ（祖母）の部屋で遊んだ。

下の階で靴を叩くアボジの仕事の音を聞きながら、二人で何をして遊んだか全然記憶にない。とにかく、嫌われないようにとだけ神経を使っていたのだろう。

家の近くの信号機まで送って行った別れ際、ポツリと「○○ちゃん家って、あったかいね」「又、あした学校であおうね」。

それから、しばらくして裕子ちゃんの両親が、離婚したとの噂が流れた。

私たちは、何事もなくその後も友達だった。相変わらずの「図書室」通いをしていた。

裕子ちゃんは、小学校卒業と同時にどこかへ引っ越ししてしまった。

二〇〇三年四月二十五日　融合研編集会議にて

ワイフの一文から、当時の教師のありさまがどれだけ彼女の心を奈落に突き落とし、一方でやさしい気づかいの裕子ちゃんという少女の存在が、彼女の心を天国へ誘ったことか……。そう想うとき、私はどうしても「学校」、とりわけ「行かなければいけない」と子ども自身もほとんどの大人も思っているであろう義務教育の小中学校と、友だちや家族をふくむ地域のありようにこだわらざるをえなくなるのです。

「在日だから」、融合研の会員になった

ワイフが先の文章を公表したのは、融合研の会報の編集会議の席でした。

融合研は、「学校と地域は『宝の山』。モノ、ヒト、コトの『宝庫』。学校と地域からの発信で『まちづくり』を目指したい。そういった想いから、学校と地域の融合活動を実践し、情報交換をしながら勉強し合う会」（融合研ホームページより）を理念に活動をしています。

融合研の事務局会議は、私とワイフの勤める会社が東京都文京区にあることから、東京近辺の会員や、遠方の会員が上京時に会合をするさいの便利さのために、閉社後の私の会社を会議室がわりに使っています。

ワイフも融合研発足の三年目に会員になり、現在は事務局員兼編集委員であり、最近設立した千葉県支部の「酒局部長」（?・）というヘンな役も自他ともに認めつつ担っています。

また、秋津コミュニティの朝鮮語を学ぶサークル「パラム（風）の会」を、秋津コミュニティの橋村さんや、宮崎さんのおつれあいの宮崎雅子さんらと創設し、たがいに学びあい、連れだって韓国ツアーも楽しんでいます。二〇〇三年度から、秋津コミュニティの副会長のひとりになりました。

さて、ワイフが融合研の会員になったいきさつには、「在日だから」の想いがあります。そんな一文を、彼女に書いてもらいました。

融合研が秋津小学校で発足（一九九七年八月）当初、すぐには会員にならなかった。会長の宮崎稔さんと事務局長の宮崎雅子さんとは友人として接していた。もちろんお声がかかれば時間の許すかぎりお手伝いをした。「生涯学習」がひとつの謳い文句の「融合研」ではあるが、なぜか、胸につかえるものがあった。

在日の一世たちは、「日本」に渡ってきてからそれこそ死にもの狂いで生活の基盤をつくり上げた。義務教育なんて受けている暇などなかった。ふと気がつくと日本語を「読めない」「書けない」ので、辱められたり騙されたりし、悔しかった自分に向き合い、「オモニ　ハッキョ」（お母さんの学校）で学習を始めた。各地の公民館や集会所、学校の夜の教室で。自分の息子・娘あるいは孫の年齢のような先生から教わり……。

かれらこそが本来の「生涯学習の体現者」なのに、それに言及していない「融合研」ってなんなの……。

しかし、翻ってみれば、そもそも「在日」の存在そのものを学校で教えられていないのだから、融合研の一人ひとりに責任を転嫁してもしかたがないのかもしれない。

秋津コミュニティでは私は車《チャ》で知られているので、立場さんちの銀次は幼児のとき、回らない言いまわしで「チャンタン、チャンタン」と言ってくれたし、一戸さんちの直也は私と岸と道ですれ違うさいは、「岸さん、車さんこんにちは」と挨拶する。〝小林1号少年〟は「チャ〜はん、チャ〜はん」となんともゆかいなニックネームで呼んでくれる。

とても爽やかな風が行き交う。
そうなんだ、肩をはらずに、「……すべき」なんて考えずにゆったりと自然に私なりのペースで、「在日」もこの「日本」で生きていて、この「社会」のことに心を砕いているんだと発信していけばよいのだ、と思えてきた。それこそ融合研を舞台にと思いいたり、会員になった。

私は、ワイフが融合研の仲間になってくれたことが、とてもうれしかったです。

英語だけじゃない！「地域ですすめる子ども外国語学習」

ワイフの「在日だから」の想いは、この日本で社会的な弱者として生きる、ほかの国籍の在日外国人への想いへといたっています。そんな想いを象徴する実践を、文部省（現・文部科学省）の助成を受けておこないました。

文部省は二〇〇〇年度に、「地域ですすめる子ども外国語学習」の施策を全国各地から募集して実施しました。その施策を融合研仲間の石川史郎さん（当時、竹中工務店副社長で、文部省の同施策推進委員のひとり）の紹介で知ったワイフらは、秋津コミュニティの仲間と相談し、文部省に応募しました。一団体あたりおおよそ二百万円の助成金がつきます。

「ほかの地域は、きっと英語での応募が多いと思うのよね」「文部省も、二〇〇二年度から本格実施する総合学習での英語学習の普及を意識しているんじゃない？」「であれば秋津は、ハングルやほかの言語なんかがいいと思うのよね」と、ワイフは橋村さんや仲間らと相談しました。すると、「いいね！　それいいよ！」とすぐにみんなが賛同し、準備に入りました。

実施は習志野市全域の小学校四年生から六年生までを対象にすること、市教委がかかわること、協議会を立ちあげて市PTA連合会からも参画してもらうことなど、調整には多少、面倒な手続きもありましたが、文部省に登録して事業を進める「習志野市子ども外国語学習推進協議会」をおこしました。同協議会の会長には橋村さんが、ワイフや、「世界の子どもと手をつなぐ会」代表でフランス語と英語が堪能な坂田喜子さんほかのかたがたが協議会の委員になり、実施の運びになりました。

その事業の終了後にワイフが書いた一文を紹介します。

英語だけが外国語じゃない——韓国・朝鮮語、スワヒリ語、ネパール語であそぼう

車 育子（習志野市子ども外国語学習推進協議会）

▼人と人を結ぶコミュニケーション力

「来年もやるの？」「楽しかった」「友達できてうれしかった」「バイバイ」「バイバイ」。最後のお別れの日、子どもたちは口々にそんなことばを発して部屋から出ていった。私たち運営委員はちょっぴりの達成感と、心からの安堵でそのことばを受けとめた。本当に四か国語もやったんだね。事故がなくてよかった。爽やかな疲労感とともにお互いの顔を見合わせていた。

正式名は文部省（当時）の委嘱事業「習志野市子ども外国語学習推進協議会」。当初全国に二九実施協議会ができたが、そのほとんどが英語を対象にしていた。外国語というと「英語」だけではなんともお粗末すぎる。それだったら英語以外を対象にしようと、あまのじゃくが集まる秋津コミュニティらしく結束して、実際の行動要員である運営委員会が始動した。

最初の仕事は、対象言語の選定と講師探し。近隣には、結婚して日本に暮らす人、留学生として来ている人、仕事で滞在する人などが住んでいる。講師選びは難なく進むはずが、「毎週土曜

日の決まった時間となると……」「バイトがあるので」「人に教えるなんて……」「子どもがまだ小さいので……」等々、講師選定が難航。一回目の運営委員会では、韓国・朝鮮語、中国語、クメール語、ポルトガル語、スペイン語、ネパール語など、委員本人のやりたいことばが飛び交ったが、その後、講師が決定した言語を優先とし、実施期間が四か月なので四か国語と決定。各運営委員は、秋津コミュニティに集うさまざまな人々のルートをあたり講師探しに奔走する。

「英語で講師としてぜひ参加したい」と隣町で英語教室を主宰している女性が、ある日の運営委員会に参加してきた。指導書もしっかりしていたし、これだったらその他の言語の参考になる。なによりもその会の理念に賛同した。人と人を結ぶものとしてことばがある。英語学習によって、人と人を結ぶコミュニケーション力を養ってほしい。これなら、英語を入れても違和感はない。最終的に英語一一月、韓国・朝鮮語一二月、スワヒリ語一月、ネパール語二月と決める。撮影班には、いつもコミュニティの行事の記録係を担っている、パソコン倶楽部の男性ふたりが快く引き受けてくれた。

ポスターは、習志野市の各小学校、公民館、図書館へ展示。チラシは、校長会を通じ各小学校へ配付。さてさて、応募人数はどうなるか。不安と期待の九月、一〇月が過ぎる。一〇月下旬には、ほぼ応募人数が確定した。英語が八〇名を超えうれしい悲鳴をあげる。あとの言語は十数名だった。

「予想どおりだね」

「英語で楽しければきっとほかの言語に流れるよ」

▼一一月　英語であそぼう

講師は三人。辨野《べんの》美枝子さんと小池千恵子さんは、ともに『松香フォニックス研究所』に所属していて、地域で英語教室を主宰している。もうひとりのローレンス・ジョンさんは成田でALT（外国語指導助手）をしていたので、子どもを教えるのに慣れていたし、子どもの目線を大切にしている雰囲気があった。

九〇分まったく日本語なしで、英語だけの呼びかけにとまどっていた児童たちだったが、会をかさねるごとに英語に自然になじんでいった。使用する言語は英語だけで、ゼスチャーを交え身体表現で英語をわからせようとする姿勢に感動した。読む、書く英語ではなく、身体で受けとめ話す英語を徹底してくり返す指導方法だった。

▼一二月　韓国・朝鮮語であそぼう

講師は、アニメーションの専門学校に通っている日本に来て三年になる趙恩嬉《チョウンヒ》さん。日本語も上手。子どもたちからお姉さんと慕われていた。五年生のとき、韓国の童謡『故郷の春』を音楽の時間に習った子どもが、リコーダを持って来て演奏したら感激していた。皆の発音の良さに驚いていた。英語にならって、講師と相談してその週の習熟目標を決めた。ただ、あくまでも目安であり、一人ひとりこの場に来る意図がそれぞれちがっているので、それにとらわれないようにと確認する。

英語のときは書くことはいっさいしなかったが、韓国・朝鮮語は、文字としても子どもたちの興味を引くだろうし、せめて自分の名前を自身で文字として覚えてもらいたいので、筆記道具を使用した。「韓国語はわかりやすく、理解しやすいことばでした」という感想もあった。

韓国・朝鮮語から最終回までは、その国の料理を食べる取り組みを始める。世界の人々がどんな料理を食べるのか知ってもらいたいし、知識だけでなく、「外国」を体現するのにもっとも身近だと思ったので。

料理は、「トック」（日本の雑煮と似ている）とチヂミ（日本のお好み焼きと似ている）。「日本と変わらぬ慣れた味でうまかった」と好評。キムチが好きな子がいて「もっと辛くしてー」と、叫んでいたりもした。

▼一月　スワヒリ語であそぼう

講師は、ケニア政府からの派遣で千葉大の大学院に留学して、環境科学科で研究をしているトーマス・ギゲさん。今後二年、日本で研究を続けて、ケニアに帰ると衛星測量の仕事に就くとのこと。この人を探してくれた、秋津に住む大野比佐代さんと連れ合いの篤志さんが助手をしてくれた。韓国・朝鮮語と同じような進め方をするかどうかを決める。

最初に地図を使ってケニアの位置を確認した後、アフリカ大陸のその他の国名を学習。動物の名前を覚えるのに、比佐代さんがＮＧＯでケニアに行ったときに写真に撮った野生動物のスライドを見ながら、みんなでいろいろといい合った。部屋が暗くなると、子どもたちの興味は驚くほど映像に集中する。

スワヒリ語は、文字がローマ字表記なのでそのとおり読めば、読むのはなんとかなるかもしれない。数え方の指の使い方がユニークだった。

大野夫婦やトーマスさんが主食のウガリ（白トウモロコシの粉）を、子どもたちに食べさせたくてあちこち探してくれたが、残念ながら手に入らずコーンスターチを代用。牛肉のトマト味のスープと一緒に食べた。コーンスターチはウガリの代用にはならなかったようで、今年の夏、トーマスさんが休暇でケニアに行くので、ウガリを持ってきてもう一度子どもたちに食べさせたいと、しきりにいっていた。

▼二月　ネパール語であそぼう

講師は、秀明大学二年生のシュレスタ・アニル・ラジャさん。彼は、「千葉県国際交流センター」に登録している「民間文化大使」。中学生や高校生の前では、自国の文化などを紹介したこともあるが、小学生は初めてなので、最初は緊張していたが、自分の知っているゲームに子どもたちを乗せ、ペースを整えていた。

ネパールの文字は難解で、（アルファベットに慣れている私たちには）子どもたちが親しめるまでになったのか不安が残るが、このような文字も世界にはあるし、その文字を使って生活している人々が、この世界に同時に暮らしているんだとの感慨をもってくれたらよいなと思った。

文字の方はこころもとないが、発音の方は大したもので、アニルさんが歌ってくれた初めての童謡を、一度聞いただけで皆で唱和して楽しそうに歌っている姿に、さすが、脳の柔軟な「子ども」はすごいと感心した。

アニルさんご自慢のネパールカレーは、あっさりしていて、とてもおいしかった。香辛料は、クミン、ターメリック、ベーリーフ、ニンニク、生姜、唐辛子。材料は、鶏のモモ肉、トマト、玉葱、じゃがいも、食用油。カレーといえば、もっと多種類の香辛料を使用して調理するとの、思い込みがみごとにぶっ飛んだ。

「辛かったら、食べられない」「ルー入れないの」とかいっていた子どもも、ちゃんと食べていた。料理は三か国とも大好評。食べることに、こんなに好奇心を沸き立たせてくれるなんて……、感激。

▼結果はずっとずっと先でいい

こんなふうに、子どもたちと外国語を通して四か月戯れてきた。正式名称は「習志野市子ども外国語学習推進協議会」だが、その別称として『外国語であそぼう』と名称をつけた意味とその思いをご理解いただけるだろう。そして、私たちの思惑どおり英語で味をしめた子どもたちは、各言語に引き続き参加してくれ、三か国語は毎回二〇名前後の出席となった。

とにかく、外国語というと英語だけになりがちな日本の社会で、英語だけが外国語ではないんだよ、日本にはさまざまな国からさまざまな人たちがきていて、その人たちが使ういろいろなことばがあるんだよ、ということを知ってもらうきっかけを創りたかったのだ。

その先は、子どもたち一人ひとりがその子に応じて対応していってほしいと願っている。その対応の時間も条件もまた、さまざまだろうし、今は何も感じていなくても、成人になって海外旅行とか海外派遣とかのおりに、「そういえば小学生の頃こんなことばを使ったな」「あれ、けっこうおもしろかった」なんて記憶に残っていてくれたらとてもうれしい。

「教育」というとおこがましいが、「教える」というのは今日明日で結果が出るものだろうか。結果が出るものもあるだろうが、結果はずっとずっと先でよいものもあるはず。そんな、悠長な「教え」の場をいただいた今回の体験に感謝している。

（「国際理解教育をどうつくる？」『子どものしあわせ』二〇〇一年十月増刊号、草土文化から）

秋津の子どもだけではなく習志野市中の子どもを対象にして実現させた、ワイフの「在日だから」のこだわりの大切さをあらためて感じ、また彼女とともに担った仲間のすばらしさに、今の日本のありように違和感をもつ「在日日本人」の私はとてもうれしく思いました。

継続する生命のつらなりのなかの「わたし」

現在二十四歳の長女の唯風子《ゆふこ》は、こんな生いたちの両親や私の母（唯風子の祖母）、ワイフの祖母（唯風子の曾祖母）のことを、どう感じているのでしょうか。

私の母はすでに病没していましたが、ワイフの祖母がまだ存命中に書いた手記があります。ワイフの祖母が亡くなった二〇〇二年、娘が私たちに「こんなの書いていたんだ」と教えてくれました。

娘の許可をえて、原文どおりに紹介します。六年まえ、娘が十八歳のときの文です。


わたしの母方のひいばあちゃんは、韓国で生まれました。

日本に帰っ《（ママ）》て来て、わたしの生まれた文京区で、いまでも暮らしています。

今は、ぼけがはじまって　あまり言葉を使いません。

わたしが泊まりにゆくといつも「誰？」といいます。それでもわたしが帰るときは、泣いてしまいます。

そして毎日、お昼には太陽に会いに散歩にでかけます。まるで　お花みたいです。

わたしの父方のおばあちゃんは、もうガンで死んでしまいました。

おばあちゃんはペルーで生まれたので　日本に帰って来てからは、スペイン料理のコックさんでした。

わたしは、おばあちゃんのつくるムラサキトウモロコシのゼリーがすきでした。

おばあちゃんは死んでしまう前の日に病院のベッドの上で、空気だけでドーナツをつくってくれました。

わたしは、おいしいといってたべるふりをしました。

おばあちゃんは田村正和がすきでセイコちゃんがきらいでした。

韓国とペルーで生まれたおばあちゃんたちが日本で暮し、お母さんとお父さんが出会ってわたしが生まれました。

わたしは忘れたくないことがたくさんありすぎて、今日も写真をとっています。

一九九七年　夏　　岸　唯風子。

この娘の一文は、ありし日に「まるでお花みたい」に「お昼には太陽に会いに散歩にでかけ」たときの曾祖母のふり返りざまの姿の写真と、手描きのピースマークのイラスト入りでスクラップブックにありました。娘は写真が好きで、撮っては一文を添えてスクラップをしていました。

私とワイフは、この一文を見せられて、とてもうれしく思いました。

「わたしは忘れたくないことがたくさんありすぎて、今日も写真をとっています。」が、とくに、好きです。いのちの継続を感じるからです。

おまけの資料編――コミュニティ・スクールの研究指定校になって

中教審答申の「先導的・実験的手法の採用」について

中央教育審議会答申（一九九八・平成十年）には、たったの一か所ですが「先導的・実験的手法の採用」との刺激的な文言があります。

8　今後、教育改革をより一層積極的に進めていくためには、教育委員会の果たすべき役割がますます重要になることは言うまでもない。各地方公共団体においては、それぞれの地域や学校の特色を生かした主体的な施策を展開していくことが教育改革の成否を左右することを十分認識して、積極的に対応していくことをお願いしたい。なおその際、教育行政を地域の実情や特色に沿って柔軟かつ弾力的に展開するため、先導的・実験的手法の採用、教育行政や学校運営に関する多様な評価手法の導入等にも留意することが必要である。

（傍線は筆者。以下同）

当時これを読んだ私は、国の「不退転の決意」を強く感じ、感動しました。

なぜなら、これまでの文部行政は一貫して「実験概念を採用してこなかった」と思っていたからです。「仮に実験的におこなって失敗したら、当事者の児童生徒にとりかえしがつかないから」との思惑があったからだと思います。同時に、学校や子どもをめぐるさまざまな問題への対症療法的な対応の限界も、あきらかになっていた時期でもありました。

その後、この「先導的・実験的手法の採用」の考え方は、教育改革国民会議や総合規制改革会議に受け継がれ、文部科学省が二〇〇二年度から三年間の研究指定をはじめた、通称「コミュニティ・スクール」と呼ばれる「新しいタイプの学校運営の在り方に関する実践研究」や、「実験的手法」を試みるさまざまな「教育特区」に具現されていると理解しています。

さて、秋津小学校は、全国七自治体・九校のひとつとしてこの「コミュニティ・スクール」の研究指定校になりました。秋津コミュニティの役員であることから、私もこの研究にかかわっています。

では、研究指定を受けた秋津小学校と地域は、中央教育審議会答申にいう、どんな「地域の実情や特色」があるのでしょうか。

1―「学社融合」による学校教育と社会教育の「共育」創造をおこなっていること。

2―学校の鍵を地域に預けて通年使える地域の生涯学習施設にしていること。

3―その結果、生涯学習コミュニティづくりに寄与する学校になってきていること。

などが、そのおもな特色と思います。

これらの実験は、これまでの「学校教育上支障のないかぎりの学校施設の開放を進める」という考え方とはまったく逆で、本文でも述べた「学社融合」の概念、すなわち「学校教育・授業と施設の二つの学校機能の開放を促進することは、学校教育・授業および地域社会の社会教育が充実するからこそであると考える」という理念に一致しています。

今、秋津は、中央教育審議会答申の「先導的・実験的手法」を大胆にとり入れ、二十一世紀の教育と学校像を創造しようとしていると思います。

文部科学省の研究指定校でなにをするのか

秋津小学校はこの文部科学省の研究指定で、なにをするのでしょうか。その研究概要を秋津地域に全戸配布して公表し、あらたに設けた「地域学校協議会」の委員を公募したさいの文書を紹介します。

秋津小学校学区のみなさまへ　平成十五年六月六日

習志野市立秋津小学校校長　佐々木幸雄

秋津小学校「地域学校協議会」委員の募集について

日頃より地域の皆様には、秋津小学校及び幼稚園の教育推進につきましてご支援ご協力を賜り厚くお礼申し上げます。

さて、秋津小学校は、平成十四年度より文部科学省の「新しいタイプの学校運営の在り方に関する実践研究」校として、保護者や地域の方々の参画による学校運営の在り方や学校の独自性を生かした柔軟な教育課程の編成など、自主・自立の新しいタイプの学校づくりを目指して研究に取り組んでいます。

この実践研究の課題の一つである「地域のニーズ

を学校運営に生かすシステムの構築」を図る組織の中核として「地域学校協議会」を立ち上げて活動しています。

この「地域学校協議会」には、下記のように地域のいろいろな団体・施設の代表者の方に委員として参加していただいておりますが、よりいっそうオープンにして会を充実させるため、「公募による委員（2〜3名）」を募集することになりました。

つきましては、下記をお読みになり趣旨をご理解の上、ご応募くださいますようご案内致します。また、どなたか適任の方がいらっしゃいましたら、ご推薦賜りますよう併せてお願い致します。

記

1　目的（役割）

（1）「地域学校協議会」を中核として地域のニーズを学校運営に生かすシステムの構築を図ります。

（2）教育目標・教育計画の策定、学校評価に参画し、よりよい学校運営の推進に寄与します。

（3）学校と地域社会との連携・融合による教育活動を推進することにより、学校教育の充実・活性化を図ります。

（4）生涯学習及び安全で安心なノーマライゼーションのコミュニティの充実・活性化を図ります。

（5）校長のリーダーシップが十分に発揮できるように、校長の意向を尊重した学校運営を支援します。

2　組織

この会は、秋津小学校PTA、地域関係諸機関、団体の代表、秋津小学校・幼稚園教職員及び公募による委員をもって組織します。

必要に応じて、学識経験者及び教育委員会、行政関係者等がオブザーバーとして参加してもよいものとします。

3　委員

（1）委員は、次の者をもって構成します。

①秋津小学校保護者（PTA）代表　②学校支援ボランティア代表　③秋津コミュニティ代表　④体育施設開放委員会・NBS（習志野ベイサイドスポーツクラブ）代表　⑤秋津まちづくり会議代表　⑥総合福祉センター代表　⑦社会福祉協議会代表　⑧新習志野公民館・図書館代表　⑨民生委員・児童委員・母子福祉推進委員　⑩秋津小学校卒業生代表　⑪秋津小学校・幼稚園教職員代表　⑫公募による委員（2〜3名）

4　委員の任期

（1）委員の任期は1年とする。但し再任を妨げません。（2）…略…

5　会議

（1）「地域学校協議会」は、原則として月の第3木曜日の午後7時から8時30分まで行います。

（2）…略…

6　報酬　…略…

7　任用の条件

（1）本事業の趣旨を理解し、積極的に取り組む意欲のある方

（2）委員としての任務を遂行するのに必要な熱意と識見を持っている方

8　応募（申込）方法

（1）方法　（2）提出期限　…略…

9　その他

（1）申し込みが多い場合は、校長が選任します。

（2）（3）…略…

なお、「2　組織」の「……行政関係者等がオブザーバーとして参加してもよい」の傍線部を加えることを、私はこだわりました。「1　目的」に加えてもらった「生涯学習及び安全で安心なノーマライゼーションのコミュニティの充実・活性化を図」るためには、「まちづくり全体を担う首長部局にも加わっていただきたい」からです。

また、初年度に議論し、二年目のこの夏に策定決定した「『地域学校協議会』運営要綱」のなかから重要項目を、以下に紹介します。

6　委員

（2）代理出席

委員が欠席の場合は、当該母体からの代理出席を認める。

（3）説明責任

各委員は、協議内容を出身母体に報告する。

この二項目も、加えてもらいました。委員個々の負担を分散し、情報の共有化を図る意図からです。

8　活動

（1）学校と地域協働事業の研究推進

保護者や地域住民、卒業生（中学生・高校生・大学生等）の願いや「子どもの権利条約」に則り子どもたちの意見を幅広く学校教育に反映するとともに、三者がそれぞれの教育力を発揮しながら、協働して子どもたちの成長を支援する。

私は、「子どもたちの意見表明権を運営上で心がけ

ける意図」から、傍線部分をとくに加えてもらいました。

12　附則

（3）研究指定終了後は、「学校評議会」に移行するものとする。実施に際しては、「習志野市学校評議員に関する要綱」の規定に基づいて行うことを基本とする。

私は「研究指定終了後はどうするのか？」にこだわりました。「研究発表のための研究」にしたくないからです。研究指定終了後こそ、「秋津にとっては大切」だからです。そのこともあり市は、学校評議員制度の導入を決めました。

研究指定により、学校運営に地域のかたがたも参画し、教育目標やカリキュラムづくりもいっしょにおこない、「学社連携・融合」で授業の創造をいっそう進め、その評価も地域とともにおこない、さらに地域にもその評価結果を公表し、生涯学習および安全で安心なノーマライゼーションのコミュニティづくりを図りつつ、次年度によりよくしていく創造的な学校運営の研究をおこなうわけです。

なお、公募した委員への応募は七名もありました。校長の選任により三名に委嘱しました。

学校づくりはまちづくり
――習志野市の「行政内融合」

習志野市内には秋津小学校をふくめて小学校全十六校と中学校七校があります。市は今後の学校と校区のあり方をどのように考えているのでしょうか。

東京大学大学院教授の小川正人さんが調査・研究し、公表しています。

「学校を核にしたまちづくり、地域づくり構想」

習志野市では、「協働」と「参画」をキーワードに個性的で市民一人ひとりの自己実現が可能なまちづくりを目指し住民が相互に理解し合い、交流し合う地域コミュニティの形成が極めて重要になっているとの立場から、「地域コミュニティの核として最もふさわしいのは学校である。『学校づくりはまちづくり、地域づくり』」という課題意識にもとづき、平成11年に、市長が教育委員会に学校を核とした地域コミュニティづくりの検討を要請している。

市長からの要請をうけて設置された習志野市教育委員会「学校と地域社会との連携に関する検討委員会」が提出した報告書『学校と地域社会との連携に

関する報告書―地域の風がいきかう学校に―』（平成12年2月21日）は、地域コミュニティの再生を習志野市の大きな課題として位置づけ、「地域社会の共同体としての在り方を目指すとすれば、その核として期待されるのは学校である」「学校が地域と積極的に連携し、地域住民の協力を得て教育活動を行うことは、教育的観点に留まることなく、地域住民の連帯感の醸成にまでつながり、まちづくり、人づくりとしての生きがいづくりにまで発展していくものと期待したい」とその施策の基本方向を述べている。（「まちづくり会議と地域に育まれる学校づくり（下）」千葉県習志野市まちづくり推進課・教育委員会、月刊『悠』二〇〇一年八月号、ぎょうせい）

今、習志野市は、「行政内融合」による、「地域の風がいきかう学校」づくりを全市的に進めようとしています。

文部科学省の「余裕教室」の活用指針について

ところで、「広義の学社融合」をすすめるうえでの「余裕教室」の開放を、国はどのように考えているのでしょうか。

文部科学省では、「余裕教室」をつぎのように定義しています。

▼余裕教室……将来とも恒久的に余裕となると見込まれる普通教室

▼空き教室……余裕教室のうち、将来計画がなく当該学校では不要になると見込まれている普通教室

▼一時的余裕教室……現在はクラスルーム等としては使われていないが、将来の学級数の増加、学年毎の学級数の変動その他の理由により、当面特定用途目的のスペースに改造せず留保している普通教室

じつは、秋津小学校コミュニティルームの四つの教室について習志野市は、「一時的余裕教室」の定義を適用しています。

開設時に、柴田生涯学習部長からこのことを聞いたので、私はたずねました。

「将来的に子どもが増えたら『返す』のですね？」と。すると柴田さんは、「将来人口推計率からみて、秋津では増えることはありません」とおっしゃいました。

さて、文部科学省における「余裕教室の活用につ

いて」では、以下のような促進への配慮がなされています。

「……例えば、学校の余裕教室を保育所へ転用する場合には、補助金返還の必要もなく、転用する旨を文部科学省へ報告するだけでよい簡素な取り扱いとすることにより、文部科学省では、市区町村が余裕教室を積極的に活用できるような下地を整えているのです」

このように従来は「許可制」であったものを、「○に転用します」と「報告をするだけ」に一九九三年（平成五年）からは変わっています。ここでは「例えば」として「保育所への転用」を例示していますが、社会教育や福祉目的の転用については、おおむねなんでもできるようになってきています。

また、文部科学省では「余裕教室の活用」や、「建てかえ・新築したさいの複合施設化」などに関する事例集を発行し、学校施設の活用促進をはかっています。

▼平成五年四月『余裕教室活用指針』

▼平成十四年三月『まち・ひと・思いをつなぐ学校施設』文部科学省＋国土交通省＋厚生労働省発行

▼平成十四年三月『地域参加による学校づくりのすすめ』文部科学省＋国土交通省＋厚生労働省発行

なお、これらのことは、文部科学省初等中等教育局施設助成課の「ようこそ！　施設助成課のホームページ」で公表しています（二〇〇三年八月現在）。

http://www.mext.go.jp/a_menu/shotou/zyosei/main11_a2.htm

各省庁の余裕教室の活用にかかわる補助事業について

次ページの別表は、文部科学省がまとめたさまざまな省庁による補助事業の施策一覧です（『余裕教室は夢のスペース　Q&A―余裕教室の一層の活用のために【第２次改訂】』平成十四年八月・文部科学省初等中等教育局施設助成課より）。

今、国は、各省庁が各種の補助事業を実施していることから、学校施設を市民のニーズにあわせて活用するチャンス到来と思います。

余裕教室等の活用に係る補助事業等について（文部科学省所管以外）

別表

1．転用施設の改修に対して補助

事業名	所管官庁	対象転用施設等	事業内容
社会福祉施設施設整備費及び社会福祉施設等設備整備費国庫負担（補助）金	**厚生労働省** 社会・援護局 ・福祉基盤課（社会福祉） 障害保健福祉部 ・障害福祉課（障害福祉） 老健局 ・計画課（老人福祉）	老人福祉施設、児童福祉施設等	老人福祉法、児童福祉法等の規定に基づき、地方公共団体が整備する施設整備費及び設備整備費に要する費用の一部を負担（補助）
余裕教室を活用した改築整備の推進		次のいずれの事項にも該当する施設 (1)社会福祉施設等施設整備費交付要綱の2の交付対象施設 (2)財産処分通知「報告事項一覧」の2－(2)に掲げる施設	公立学校の余裕教室であって、老人デイサービスセンター等への転用を行うにあたって必要となる施設整備費及び設備整備費に要する補助
子育て支援のための拠点整備事業	雇用均等・児童家庭局 ・保育課	子育て支援のための拠点施設	子育て家庭に対する相談、子育てサークルの育成、子どもと他世代との交流等を行うスペースを確保するための施設整備費及び設備整備費に要する補助
新山村振興等農林漁業特別対策事業	**農林水産省** 農村振興局 ・地域振興課 中山間地域振興室	山村・都市交流促進のための自然体験学習、農業体験学習等の拠点となる滞在型活動施設	地域の実情に応じ廃校を活用して山村等地域と都市部の子ども達との交流を促進し、情操教育の場を提供するため、地域の自然を活用した自然体験学習、高齢者の生きがい発揮のための農業体験学習等の拠点となる滞在型活動施設の整備などに要する補助
自然体験型環境学習拠点（ふるさと自然塾）整備事業	**環境省** 自然環境局 ・総務課 自然ふれあい推進室	自然体験ハウス	廃校、廃屋を活用し、屋内活動、講義、事務等を行う場所として整備に要する補助
地域間交流施設整備事業	**総務省** 自治行政局 ・地域振興課 過疎対策室	地域間交流を図るための宿泊施設、体験・交流施設	過疎地域市町村が、その有する地域資源を活かして、人・文化・情報等の地域間交流を図るための施設の整備に係る費用に対して補助 ※廃校舎・空家等遊休施設を活用して行う施設整備も含む
ＩＴ生きがい・ふれあい支援センター施設整備事業	**総務省** 情報通信政策局 ・情報通信利用促進課	ＩＴ生きがい・ふれあい支援センター	高齢者・障害者向け情報通信利用装置等を設置した地域における開放型ＩＴ利用基盤施設を整備する地方公共団体等に対し、その整備に必要な経費の一部を補助
地域材利用学校関連施設整備事業	**林野庁** 林政部 ・木材課	地域に開かれた学校づくりに資する学校施設（余裕教室の活用）	余裕教室を地域に開かれた学校づくりに資する学校施設へ転用するに際し、地域材を活用し内装を木質化する経費に対し補助

2．転用施設の運営に対して補助

事業名	所管官庁	対象転用施設等	事業内容
放課後児童健全育成事業	**厚生労働省** 雇用均等・児童家庭局 ・育成環境課	放課後児童クラブ	保護者が労働等により昼間家庭にいない小学校低学年児童に対し、適切な遊び及び生活の場を与えてその健全な育成を図る本事業の運営費に対して補助

学校施設開放のプラスの側面に目を向けたら

ところで「学校施設の開放」については、教育基本法・第7条第2項の「国及び地方公共団体は、図書館、博物館、公民館等の施設の設置、学校の施設の利用その他適切な方法によって教育の目的の実現に努めなければならない」に則して、つぎの三つの法律で具体的に定めています。

「学校教育法・第85条」……学校教育上支障のない限り、学校には、社会教育に関する施設を附置し、又は学校の施設を社会教育その他公共のために利用させることができる。

「社会教育法・第44条」……学校の管理機関は、学校教育上支障がないと認める限り、その管理する学校の施設を社会教育のために利用に供するように努めなければならない。

「スポーツ振興法・第13条」……国及び地方公共団体は、その設置する学校の教育に支障のない限り、当該学校のスポーツ施設を一般のスポーツのための利用に供するよう努めなければならない。

しかし、「学校教育上支障のない限り」「学校教育上支障がないと認める限り」「学校の教育に支障のない限り」と、それぞれにその「利用の制限」をしています。

そこで、私は思います。これまで、体育館や校庭以外の学校施設が地域に開放されてこなかったのは、学校教育関係者や教育委員会・学校教育部署の職員などが、これらの「制限」にとらわれすぎていたのではないか、と。

そして、その「制限」により、学校教育関係者のほとんどが、学校施設の開放はメリットがないばかりか、デメリットになると思いこむことが「常識」になっていたのではないかと思います。

だれもがいつでも学べる生涯学習コミュニティに寄与する学校へ

しかし、まったく逆の視点にたったらどうでしょうか。

すなわち、「学校開放は、学校教育が充実するからこそである」とする視点です。

その考え方に依拠し、かつ推進する新しい方法として、私なりの「学社融合」を本書で提示したゆえんです。

「学社融合」は、「学校」と「地域社会」双方にメリットを生みだす、生涯学習とまちづくりの理論と実践方法。

ここでは、学校教育・授業と施設の二つの学校機能の開放を促進することは、学校教育・授業および地域社会の社会教育が充実するからこそであると考える立場をとる。

「学」「社」双方が「融合」しながら地域の社会人とのさまざまなふれあいによる学校教育・授業の充実と、同時に、参画する社会人の社会教育や、地域社会のまちづくりをも充実させることを意図的に仕組み、ときにはあらたな価値をも生みだす実践方法。

そして、くり返しになりますが、「開かれた学校」や「学社融合」は、方法であり目的ではなく、その先にある学校――私にとってはつぎのような学校像――を創るためだと考えているのです。

1――住む人も働く人も、だれもがいつでも学べる、生涯学習のコミュニティづくりに寄与する学校。

2――住む人も働く人も、だれもが安心で安全な、ノーマライゼーションのコミュニティづくりに寄与する学校。

あとがき

私は二〇〇一年十二月末に、零下二十度にもなる北海道帯広市立清川小学校に立ちよらせていただきました。校庭にお父さんたちがステキなスケートリンクをつくり、毎日交代で子どもたちのスケートの面倒をみていると聞き、見学させていただきました。

校庭には廃車になったバスが置いてあり、なかには温かな生活の匂いがただよっています。「お父さんたちはきっと毎晩ここで、秋津と同じようにアレをやりながら、子どもや学校、地域の未来を語りあっているんだろうなあ」と、楽しく想像しました。

校長室に通され、私は驚きました。なんと、壁に歴代のＰＴＡ会長の顔写真が掲げてあったからです。

「すごいですね！　校長室にＰＴＡ会長の写真が掲げてあるのを見たのは、はじめてです！」と、私は興奮しながら大きな声で叫びました。

すると金子良子校長は、「そうですか、帯広ではどこでもそうですよ」と、こともなげにおっしゃいました。

帯広は、出所がハッキリしています。

「蝦夷地（北海道）には既に先住民のアイヌの人々が、独自の文化を築いていました。……帯広の本格的な開拓は、依田勉三と鈴木銃太郎が調査に入った翌年の明治十六（一八八三）年五月に依田勉三の率いる『晩成社（明治十五年一月、現在の静岡県松崎町で結成）』一行二十七人が、下帯広村に入植したことから始まります」「依田勉三は、今日の市民の想像を超えた開拓の苦闘の中にあって、終始入植地オベリベリが将来北の都になることを夢見て大志を抱き続けていました」と、市のホームページに紹介されています。

もちろん先住者のアイヌのかたがたがいらしたわけですが、二〇〇三年は帯広市「開拓百二十周年の年」なのです。

ところで私は、ローラ・インガルス・ワイルダー作の『大草原の小さな家』や、NHKテレビで放映された「ドクター・クイン　大西部の女医物語」などの、アメリカ開拓物語が好きです。荒れ野を家族で開拓し、あるていど生活が安定してくると、ほかの家族もやってきて、やがて小さな村に育ちます。すると、まずみんなが造るのは学校と教会。そして、それまでは家族が家庭で勉強を教えていたのですが、先生を町からつれてきて「学校」に育てます。

その過程には、帯広市と同じように「今日の市民の想像を超えた開拓の苦闘」があったことは、想像にかたくありません。

だからこそ帯広は、学校造りから学校づくり・人育て・まちづくりまでを確かに担ってきた歴代のPTA会長の肖像写真を掲げているのだろうと思います。その写真はPTA会長のものではあっても、私はその背後に連綿とつらなる「一人ひとりの〝わたし〟」を見ます。確かに見えます。

学校造りそのものが輝く未来を描くことだった時代は、学校づくりと人育て・まちづくりは同じ意味をもっていたのでしょう。「地域の記憶」と「学校の記憶」がまったく重なる同じことであったまち・帯広を感じて、とても勇気づけられるとともに、うれしく思いました。はじめなければなにも変わりません。困難もあるとは思います。しかし、私は「さあ、ごいっしょに、輝かしい未来創造の旅にでかけましょう！」と呼びかけたくて、本書を出版しました。

本書の大部分は書き下ろしですが、これまでに発表させていただき、また本書にも大幅に改稿して使用した以下の雑誌や講演先の関係者に感謝とお礼を申しあげます。なお、引用させていただいた参考文献などは本文に表記しました。

▼『月刊REC』一九九九年十二・一月合併号、(財)日本レクリエーション協会
▼『月刊総合教育技術』二〇〇〇年一月号別冊付録「開かれた学校づくり」ヒント集、小学館
▼『月刊学校事務』二〇〇〇年二月号、学事出版
▼『月刊FRONT』二〇〇〇年二月号、(財)リバーフロント整備センター
▼『平成十二年度版・保育所問題資料集』二〇〇〇年七月、(社)全国私立保育園連盟
▼『月刊悠』二〇〇一年一月号、ぎょうせい
▼『月刊マナビイ』創刊号・二〇〇一年七月、文部省編集、ぎょうせい
▼『現代農業・増刊号』二〇〇一年八月、農文協
▼『日本教育新聞』二〇〇二年一月十八日号、日本教育新聞社
▼『月刊学校図書館』二〇〇二年一月号、(社)全国学校図書館協議会
▼『月刊地方議会人』二〇〇二年六月号、全国町村議会議長会編集、中央文化社
▼『教育新聞』二〇〇二年十一月四日号、教育新聞社

▼東京都足立区女性大学連合会区民講座・一九九九年十一月二日講演録
▼日本体育大学・森川貞夫教授の研究室「やろう会」夏合宿学習会講演録、二〇〇〇年八月
▼青森県健康福祉部こどもみらい課主催講演録、二〇〇〇年十一月
▼東京都新宿区地区青少年育成委員会合同研修会講演録、二〇〇一年十一月
▼三重県教育庁北勢教育事務所・二〇〇二年十二月二十五日講演録

本書をお読みいただいたあなたに、心からお礼を申しあげます。経済は右肩下がりが続くかもしれませんが、心の満足は右肩上がりにできると思います。元気と勇気を少しでももっていただけたならば、私にとって大きな喜びです。そして最後に、本書を前著に引きつづき世に送りだしてくださった太郎次郎社、太郎次郎社エディタスのみなさまに、心よりお礼を申しあげます。

では、アディオス！　アミーゴ！

あ〜、やっと書きおわった。
愛するお母ちゃ〜ん！　ビールを飲もう！
肴はボクがつくるからさあ！

二〇〇三年十月

岸　裕司

岸 裕司 きし・ゆうじ
1952年、東京生まれ。在日朝鮮人（韓国籍）の妻とともに、独立・結婚した長男＋長女＋次男の
3人の子どもの「製造物責任者」である。1982年、書籍専門の広告・デザイン会社、
(株)パンゲアを設立。同社の代表取締役として現在にいたる。趣味は仕事と秋津でのふれあい。
学校と地域の融合教育研究会 副会長、秋津コミュニティ顧問ほか。
現在、文部科学省「新しいタイプの学校運営の在り方に関する実践研究」指定校委員、
千葉県教育庁「学校評価検討会議」委員、千葉県「生涯学習審議会」委員。
著書に『学校を基地に〈お父さんの〉まちづくり』(太郎次郎社)、『「学び」とはなにか』(共著・ぎょうせい)など。

■連絡先　(株)パンゲア　〒113-0033 東京都文京区本郷1-30-16-402
電話 03(5689)5711　FAX 03(5689)5710　電子メール pangea@pb3.so-net.ne.jp
■習志野市立秋津小学校（佐々木幸雄校長）
〒275-0025　習志野市秋津3-1-1　電話 047(451)8111　FAX 047(451)8112
■秋津のまち紹介ホームページ　http://www.akitsu.info/
■学校と地域の融合教育研究会ホームページ　http://www.yu-go.info/

「地域暮らし」宣言
学校はコミュニティ・アート！

2003年12月15日 初版印刷　2003年12月25日 初版発行

著者……………岸 裕司
デザイン…………赤池完介
イラスト…………ワタナベケンイチ
発行……………株式会社太郎次郎社エディタス
東京都文京区本郷5-32-7 〒113-0033
発売……………株式会社太郎次郎社
東京都文京区本郷5-32-7 〒113-0033　電話 03(3815)0605
電子メール tarojiro@tarojiro.co.jp　出版案内サイト　www.tarojiro.co.jp/
印刷……………モリモト印刷株式会社(本文印字と印刷)＋株式会社文化印刷(装幀)
製本……………株式会社難波製本
定価はカバーに表示してあります。
ISBN4-8118-0712-X■NDC379　240P　210cm■